Siegfrieds Wappen und Heldentaten im Nibelungenlied
Legende oder geschichtliche Wirklichkeit?

J. SIEBMACHER'S GROSSES WAPPENBUCH

Ausgewählte Beiträge zur Heraldik

Band 1

2010

BAUER & RASPE

DER VERLAG DER SIEBMACHER'SCHEN WAPPENBÜCHER

INSINGEN BEI ROTHENBURG OB DER TAUBER

Klaus Mai

Siegfrieds Wappen und Heldentaten im Nibelungenlied

Legende oder geschichtliche Wirklichkeit?

2010

BAUER & RASPE

DER VERLAG DER SIEBMACHER'SCHEN WAPPENBÜCHER

INSINGEN BEI ROTHENBURG OB DER TAUBER

Titelbild: Wappenträger Burgendt' aus dem Triumphzug Kaiser Maximilians I. (1512), (s.a. Abb. 17)

Anschrift des Verfassers:

Dr. Klaus Mai
Hasenweg 40
D - 79110 Freiburg

ISBN 978-3-87947-118-8

http://www.degener-verlag.de • e-mail: degener@degener-verlag.de
© 2010 by Verlag Bauer & Raspe, Insingen bei Rothenburg ob der Tauber

Alle Rechte vorbehalten. Ohne schriftliche Genehmigung des Verlages ist es nicht gestattet, das Werk unter Verwendung mechanischer, elektronischer und anderer Systeme in irgendeiner Weise zu verarbeiten und zu verbreiten. Insbesondere vorbehalten sind die Rechte der Vervielfältigung – auch von Teilen des Werkes – auf photomechanischem oder ähnlichem Wege, der tontechnischen Wiedergabe, des Vortrags, der Funk- und Fernsehsendung, der Speicherung in Datenverarbeitungsanlagen, der Übersetzung und der literarischen oder anderweitigen Bearbeitung. Sollten Rechteinhaber nicht ermittelt worden sein, bitten wir um Verständnis und nachträgliche Mitteilung an den Verlag.

Druck und Bindung: FINIDR, Český Těšín

Meiner Frau Renate
und meinen beiden Töchtern
Julia und Isabella
zugeeignet

Inhalt

Einleitung	9
I. Siegfrieds Wappen und seine heraldische Deutung	11
Das Wappenwesen, seine Entstehung und seine Funktion im Mittelalter	11
Heraldische Beschreibung von Siegfrieds Schildwappen	12
Kronenwappen in alten Wappensammlungen	15
II. Siegmunds Königreich	37
König Siegmund und der burgundische König Sigismund	37
Das Leben des burgundischen Königs Sigismund	41
Sigismunds Krone und der altburgundische Autonomismus	45
König Siegmund von Xanten und die staufische Erbreichsidee	53
III. Siegfried und das austrasische Königtum	60
Siegfrieds Schildwappen und das Wappen Austrasiens	60
Sigibert I. von Austrasien als eine geschichtliche Bezugsfigur Siegfrieds	63
Siegfrieds Heldentaten und deren staatssymbolische Deutung	72
IV. Siegfried, das Ideal des heldischen Herrschers, und Austroburgund	97
Childebert II., König von Austroburgund	97
Childebert II. und Siegfried im Vergleich	101
Resumée	107
Antwort auf die Ausgangsfrage: Wer war Siegfried?	109
Graphik: Realgeschichtliche Anteile der Siegfriedgestalt	111
Zusammenfassung	112
Auszug aus der Genealogie der Burgunderkönige des Rhonereiches	113
Auszug aus der Genealogie der merowingischen Könige des 6. Jh.	114
Literatur	115
Bildnachweis	130

Nibelungenlied-Handschrift C (Digital), Blatt 9r. Textauszug mit den Strophen 215 und 216, der Erwähnung von Siegfrieds Schild und Wappen.
© Handschrift, Karlsruhe, Badische Landesbibliothek, Cod. Don. 63, fol. 9r

Einleitung

Nach einer nun über 250jährigen Forschungstradition zu den historischen Wurzeln der Siegfriedfigur des Nibelungenliedes ist immer noch keine befriedigende Lösung des Rätsels in Sicht. Zwar ist die mythologische Sackgasse der Einordnung Siegfrieds in die germanische Götterwelt und der darauf fußende nationalistische Überschwang des 19. Jh. spätestens seit 1945 abgearbeitet; an ihre Stelle ist bis jetzt aber noch keine überzeugende Alternative getreten. Dabei besteht weiterhin die Übereinkunft, dass das Nibelungenlied nicht nur ein literarisches Werk ist, sondern auch auf historische Ereignisse, Vorgänge, Personen und Orte in freilich heute mitunter nur schwer entzifferbarer Sprachbedeutung Bezug nimmt. Von den bisherigen Versuchen einer zeitlichen Einordnung kann die Merowinger-Hypothese unstreitig die meisten Indizien im Text für sich verbuchen[1]. Demnach wäre Siegfried im Frankenreich des 6. Jh. zu finden und zwar in der Gestalt Sigiberts I. von Austrasien. Nichtsdestoweniger sprechen einige Aspekte des Stoffes auch für Armin den Cherusker, den Sieger in der Varusschlacht (= Drachenkampf), für Gogo, Sigiberts Brautwerber um Brunichildis in Toledo, für Sigibert den Lahmen, König der ripuarischen Franken in Köln und für Sigerich, den Sohn des burgundischen Königs Sigismund. Da Siegfried als militärisch tüchtiger und gewaltbereiter Krieger der Merowingerzeit im Gewand des höfischen Ritters daherkommt, liegt es nahe anzunehmen, dass auch eine Persönlichkeit aus der Stauferzeit, der Zeit der Entstehung des Nibelungenliedes gemeint sein kann. Alle genannten Vorschläge der Identität Siegfrieds beruhen indes auf Indizien, die jeweils dafür, andere aber auch dagegen sprechen. Die Frage nach einer beweiskräftigen Identifizierung des historischen Siegfried ist also immer noch offen[2]. Eine Klärung der Frage „Wer war Siegfried?" soll in diesem Buch versucht werden. Dabei kann es allerdings nicht zielführend sein, sich auf eine einzige Persönlichkeit festzulegen[3]. Es ist auch eine Lösung, wenn sich ergibt, dass die Siegfriedfigur aus Anteilen verschiedener Persönlichkeiten zusammengesetzt ist, und wenn es gelingt, die spezifischen Anteile dieser Verschmelzung historisch anknüpfen zu können.

Als Methode der Beweisführung dient die Heraldik bzw. das Wappenwesen, ein Forschungsgebiet, welches in der bisherigen Forschung zum Nibelungenlied bis auf wenige Ausnahmen sträflich vernachlässigt wurde, obwohl sich die Wappen in der Zeit der Entstehung des Nibelungenliedes bis Ende des 12. Jh. zu den wichtigsten Identifikationszeichen des europäischen Adels entwickelt hatten. In der Merowingerzeit des 6. Jh. gab es freilich noch kein heraldisches Zeichensystem mit entsprechenden Deutungskonventionen. Man kannte nur (Fabel-) Tiere und Gegenstände, die als Symbole staatlicher Herrschaft und Machtausübung in Gebrauch waren und auf Münzen, Siegeln sowie als plastische Figuren präsentiert wurden. Solche Staatssymbole wie z.B. Drachen, Adler, Kreuze, Kronen, Speere und Schwerter, wurden später in das Wappenwesen übernommen

---

1 Hoffmann 1979, S. 120
2 Ehrismann 2002, S. 31
3 Hoffmann, a.O.

und gelten noch heute als staatliche Identifikationsmerkmale. Merowingische und andere Wappen des 5. bzw. 6. Jh. sind deshalb im Regelfall als Zuschreibungen aus späterer Zeit (12. und 13. Jh.) anzusehen. Solche heraldischen und staatssymbolischen Insignien bergen aber eine gedrängte Fülle von Informationen über realhistorische Ereignisse und Vorgänge, die, richtig gelesen, eine schlüssige Interpretation sehr alter Schriften wie z.B. des Nibelungenliedes ermöglichen können.

Die folgenden Ausführungen gliedern sich in vier Abschnitte. Der 1. Abschnitt behandelt die Entstehung und Bedeutung des Wappenwesens im 12. Jh. Es folgt eine heraldische Rekonstruktion von Siegfrieds Wappen und die Darstellung der Ergebnisse der Suche nach diesem Wappen in alten Wappenverzeichnissen. Auf der Basis von Siegfrieds Schildwappen, das sich als das dynastische Wappen der burgundischen Könige entpuppt, werden im 2. Abschnitt die realhistorischen Bezüge von Siegfrieds Vater, dem König Siegmund von Xanten, erörtert und mit Lebensdaten, Ereignissen und Vorgängen aus dem Leben des burgundischen Königs Sigismund (reg. 515 bis 524) verglichen. In diesem Zusammenhang wird auch die Rezeption des im Mittelalter als heilig geltenden burgundischen Königs als Staatspatron und Identifikationsfigur des Königreichs Burgund und später des Heiligen Römischen Reiches deutscher Nation im Nibelungenlied untersucht. Der 3. Abschnitt ist den historischen Bezügen Siegfrieds zu Daten und Ereignissen aus dem Leben des austrasischen Königs Sigibert I. gewidmet, wobei die Heldentaten Siegfrieds, also Hortgewinn und Drachenkampf, mit der Staatssymbolik (Titulatur) des austrasischen Königtums in Verbindung gebracht werden. Die Kombination der so erarbeiteten burgundischen und austrasischen Staatssymbolik liefert im 4. Abschnitt die Grundlage für den Rückschluss auf die realhistorischen Anteile der Siegfriedfigur und die Absicht des Nibelungendichters im Hinblick auf das zeitgenössische Publikum im Mittelalter. Neben der definitiven Skizzierung der historischen Bezüge der Siegfriedfigur ist ein weiteres wichtiges Ergebnis der Untersuchung der Nachweis der heraldischen bzw. staatssymbolischen Rezeption der Siegfriedfigur bei den frühen Habsburgern und im habsburgischen Familienwappen.

Die zitierten Passagen (Av. = Aventiure; Str. = Strophe) aus dem Nibelungenlied folgen der Ausgabe von Helmut Brackert 1970, Fischer-Verlag, Frankfurt.

I. Siegfrieds Wappen und seine heraldische Deutung

Das Wappenwesen, seine Entstehung und seine Funktion im Mittelalter

Die Heraldik entstand ursprünglich in der Zeit der ersten Kreuzzüge Anfang 12. Jh. aus der militärischen Notwendigkeit, die verschiedenen Truppenteile und ihre Zugehörigkeit für Freund und Feind, also aus der Ferne unterscheidbar zu machen[4]. Schon bald, d.h. ab der Mitte des 12. Jh. hatte jeder Adlige sein (erbliches) Wappen, welches ihn und seinen Lehens-Besitz unverwechselbar machte[5]. Die heraldische Zeichensetzung entspricht dem Bedürfnis, einen dynastischen Machtbereich, ein Territorium, für jedermann sichtbar abzustecken und so zu sichern, aber auch, Gebietsansprüche zu begründen. Das Wappen repräsentiert symbolisch einerseits Besitz- und Herrschaftsrechte, andererseits die erkennbare Zugehörigkeit seines Trägers zu dem bezeichneten Machtbereich. Es war für diese Verwendung besonders geeignet, da die darin enthaltene Symbolik für die Person des Trägers in irgendeiner Weise charakteristisch ist und so die Erkennung von dessen persönlicher Identität ermöglicht. Häufig zeigen die Wappenbilder Verdienste oder irgendwie geartete Attribute, welche die genealogische bzw. dynastische Abkunft der jeweiligen Familie begründen sollen und die damit verbundene Herrschaft des Grundherren legitimieren. Es ging um die Konstruktion von Kontinuität und um hochrangige Abstammung[6]. „Es [das Wappen; K.M.] ist für den mittelalterlichen Menschen mehr als eine genealogische Liebhaberei. Die Wappenfigur bekommt für seinen Geist nahezu den Wert eines Totems. Löwen, Lilien und Kreuze werden zu Symbolen, in denen sich ein ganzer Komplex von Adelsstolz und Streben, Anhänglichkeit und Gemeinschaftsgefühl als ein selbständiges, unteilbares Ganzes bildlich ausdrückt" (Hiuzinga)[7]. Das Wappen symbolisiert in graphischer Symbolik geraffte bzw. verdichtete Geschichte von Adelsgeschlechtern bzw. -dynastien und ganzen Staaten.

Das Wappen kam nicht nur im Kampf, sondern vorzugsweise auch bei Turnieren zur Anwendung. Hier beschrieb und verkündete ein Herold die inhaltliche Symbolik des auf dem *Schild*, auf dem *Banner*, auf der *Pferdedecke* und auf *Helm* und *Bekleidung* gezeigten Wappens vor der Zuschauertribüne und dem veranstaltenden Fürstenhaus. In einer Rede, die in der Heraldik „Blasonierung" heißt, beschrieb der Herold nach festgelegten Regeln das Wappen seines Herrn, wobei er sich in panegyrischer Absicht bemühte, das Wappen mit historiographischen Legenden, Romanzen, Märchen, mythologischen und biblischen Parabeln rhetorisch auszuschmücken[8]. So bedienten die Wappenbilder die im Mittelalter verbreitete martialisch geprägte Ehrsucht, derzufolge Waffenruhm

---

[4] Filip 2000, S. 12 f.; Galbrath & Jéquier 1978, S. 21
[5] Galbreath & Jéquier 1978, S. 26, 28
[6] vgl. Kellner 2004, S. 37 ff.
[7] Huizinga 1924/1975, S. 335 f.
[8] vgl. Kroll 1986, S. 49; Hempel 1960, S. 188

und Proben kriegerischer Leistungsfähigkeit als geeignet erachtet wurden, persönliches Ansehen und soziale Geltung bei den Fürsten zu steigern[9]. Die so erworbene Gunst bei den Machthabern und insbesondere dem obersten Dienstherrn, dem Kaiser, zog großzügige Belohnungen nach sich, die von materiellen Zuwendungen, Vergabe von Lehen bis zur Erhöhung der sozialen Rangposition reichten[10].

Heraldische Beschreibung von Siegfrieds Schildwappen

Bei seiner Ankunft in Worms identifiziert Hagen Siegfried, nachdem er ihn und seine Ausrüstung gesehen hat, als „Sohn eines mächtigen Königs" (Str. 103). Zuvor ließ er einen nibelungischen Recken vor der Berghöhle sagen „Hier kommt der starke Siegfried, der Held aus Niederland" (Str. 90). In den Strophen 215 und 216 des Nibelungenliedes, im Kampf Siegfrieds mit den Sachsen, erkennt der gegnerische König Liudeger Siegfried als Sohn Sigmunds. Liudeger erkennt Siegfried an seinem Schild, auf welchem eine Krone gemalt ist, also an seinem Wappen[11].

> Dô het der herre Liudegêr ûf eime schilde erkant
> gemâlet eine krône vor Sîfrides hant,
> wol wesser, daz es waere der kréftige man.
> der helt zuo sînen friwenden dô lûte rúofén began:
> „Geloubet iuch des sturmes, alle mîne man!
> sun den Sigmundes ich hie gesehen hân,
> Sîfriden den starken hân ich hie bekant.
> in hât der übele tiuvel her zen Sáhsén gesant"

übersetzt:

> Da entdeckt Herr Liudeger plötzlich eine Krone, mitten
> auf den Schild gemalt vor Siegfrieds Hand. Nun wusste er wer
> dieser starke Mann war. Laut rief er seinen Freunden zu:
> „Leute, laßt alle vom Kampfe ab, ich bin auf den Sohn
> Sigmunds gestoßen; den starken Siegfried habe ich soeben erkannt. Ihn hat der böse Teufel hierher nach Sachsen gesandt."[12]

---

9 Keupp 2002, S. 427 f.
10 Keupp a.O., S. 431
11 Hempel 1960, S. 189
12 zit. n. Grosse 1997, S. 71, Str 215, 216

Abb. 1: Siegfrieds bzw. Siegmunds Wappen

Die auf dem Schild gemalte Krone - das ist Siegfrieds Wappen, welches ihn als Sohn Siegmunds ausweist. Siegfried führt dieses Wappen auch im sog. Biterolf (Heldenepos, entstanden zwischen 1254 und 1260)[13], d.h. eine Krone auf seiner Fahne (Str. 9829) und im Schild (Str. 10837)[14].

Es ist das einzige explizit genannte Wappen im Nibelungenlied[15]. Seine Funktion ist die Anzeige der persönlichen Identität des Wappenträgers, da Liudeger Siegfried am Wappen erkennt[16]. Das Wappen erlaubt auch eine Identifizierung des Wappenträgers Siegfried als Sohn Siegmunds, des Königs von Xanten. Vater Siegmund führt also das gleiche Wappen, d.h. es handelt sich um ein *Erb- bzw. dynastisches Wappen*. Verwunderlich ist, dass der Dichter den anderen Protagonisten seines Epos kein Wappen zuordnet, zumal er sein Werk in der Zeitspanne zwischen 1198 bis 1204 verfasste, also in einer Zeitepoche, als Fahnen und Wappen im Ritterwesen nicht mehr wegzudenken waren[17]. Offenkundig geht es dem Dichter um die Hervorhebung von Siegfrieds Wappen, nicht nur im Sinne eines Identifikationszeichens, sondern als Beleg für seinen Erbanspruch auf die Krone Siegmunds. Würde die Krone in Siegfrieds Wappen nur den Stand des in der Rüstung verhüllten Ritters anzeigen, wie Grosse meint[18], dann müsste wenigstens Gunther, der Siegfried - ob Dienstmann oder nicht - standesmäßig zumindest ebenbürtig ist, auch ein solches Wappen führen. Zum Identifikationsmerkmal wird das Wappen deswegen, weil der Name Siegmunds hinzukommt.

Auffällig ist, dass in der Beschreibung des Wappens die für heraldische Deutungen wichtigen Farbangaben fehlen. Es ist nur die Rede von einer Krone, die auf ein Schild gemalt ist. An einer anderen Stelle im NL wird der tote Siegfried auf einen *goldroten* Schild (Str. 999) gelegt, da sein eigener Schild zerborsten war (Str. 985). Dass sein eigener

---

13 Schnyder 1980, S. 56
14 Ausg. v. Schnyder 1980, S. 325 und S. 350; vgl. Kranzbühler 1930, S. 152; Heinzle 1982, S. 72
15 Kranzbühler 1930, S.152; Seyler 1889, S. 68; Zips 1966, S. 27, 114
16 Seyler 1889, S. 68
17 Zips 1966, S. 13
18 Grosse 1997, S. 762

Schild auch goldrot war, lässt sich indirekt aus Str. 71 erschließen, wonach Siegfrieds ganze Ausrüstung von rotem Gold weithin leuchtete. Damit steht aber nur die Farbe von Siegfrieds Schildfeld hinreichend fest; die Farbe der darin gemalten Krone ist jedoch nirgends angegeben. Nach den Regeln der Heraldik darf die Schildfigur keine Metallfarbe (also golden (= gelb) oder silbern (= weiß)) haben, wenn das Schildfeld bereits eine Metallfarbe hat[19]. Die Farbe der Krone kann wegen der begrenzten heraldischen Farbpalette nur rot, blau, schwarz, grün oder purpur sein[20]. Wie sich noch herausstellen wird, ist ihre Farbe blau (s.u.).

Bei Siegfrieds Ankunft in Worms nennt Hagen ihn „Sohn eines mächtigen Königs" (Str. 103), erwähnt aber nicht sein Schildwappen, wie das später Liudeger tut, indem er Siegfried als Siegmunds Sohn erkennt (Str. 215/216). Dabei ist auffällig, dass Hagen den Namen Siegmunds weglässt. Immerhin gibt er vor, Siegfried, und damit wohl auch dessen Vater, vom Hörensagen zu kennen (Str. 86), zumal er seine Heldentaten berichtet. Dass er Siegmund als Vater Siegfrieds meint, geht indirekt aus der Äußerung eines bei der Berghöhle anwesenden Mannes hervor, dem Hagen in seiner Erzählung die Worte in den Mund legt „Hier kommt der starke Siegfried, der Held aus Niederlant" (Str. 90). Da er außerdem Siegfrieds „rotgoldene" (Str. 71) Ausrüstung sah (Str. 84), die ja Siegmund für seinen Sohn anfertigen ließ (Str. 66), ist anzunehmen, dass er damit dessen Schildwappen mit Siegmunds Krone wahrgenommen hat. Dennoch bleibt hier eine Unbestimmtheitsstelle dergestalt, dass als Siegfrieds Vater auch eine andere Person als Siegmund in Frage kommt.

Die „breite" Schildform hebt der Dichter ausdrücklich als „neu" hervor (Str. 66, 72). Er nimmt damit vermutlich Bezug auf die realgeschichtliche Einführung eines in Dreieckform neu gestalteten Schildes Ende 12./Anfang 13. Jhdt, heute bekannt als „heraldischer Schild"[21]. Die „alte", eher länglich und schlank gestaltete Schildform war demgegenüber der sog. Normannenschild, der bis ca. 1200 in Gebrauch war[22]. Die Verkleinerung des Schildes wurde durch die Verbesserung der Rüstung möglich.

Abb. 2: Varianten des Ende des 12. Jh. „neuen" heraldischen Wappen- bzw. Dreiecksschildes. Ganz rechts: Schildform des 17. Jh.

---

19 vgl. Galbreath & Jéquier 1978, S. 91; Neubecker 1990, S. 7; Siebmacher 1772, II.Teil, A 4, Nr. 36
20 Galbreath & Jéquier 1978, S. 91
21 vgl. Galbreath & Jéquier 1978, S. 79; Nickel 1958, S. 25 ff.
22 Nickel 1958, S.73

Im Vergleich dazu der „alte" (längliche) Normannenschild, der auch einen Schutz für die Beine bietet:

Das NL kennt außerdem die farbliche Einheit von Mann und Ross (s. Str. 399 bis 402): Bei Gunther und Siegfried „sneblanke varwe", bei Hagen und Dankwart „rabenswarze varwe". Eine interessante Parallele zu Siegfrieds weißer Gewandung ist der Ornat des gegenüber dem römischen Kaiser rangniederen Lazenkönigs, welcher dem weißen Gewand (Chlamys) des hohen römischen Beamten (vir inluster) entspricht[23]. Den Titel 'vir inluster' führten auch die merowingischen Frankenkönige[24].

Kronenwappen in alten Wappensammlungen

Eine Durchsuchung historischer Wappensammlungen erlaubt zunächst die Feststellung, dass die Krone als Schildfigur äußerst selten vorkommt. Normalerweise wird die Krone zum Zeichen der Königswürde auf den oberen Schildrand aufgesetzt oder sie kommt im Schildfeld im Zusammenhang einer anderen heraldischen Figur vor, so z.B. als Krone auf dem Kopf eines Adlers oder eines Löwen. Die seltene Verwendung einer einzelnen Krone als Schildfigur unterstreicht die Vermutung, dass es sich hier um ein Erkennungszeichen handelt. In dieser Funktion kommt das Wappen in einer Darstellung Siegfrieds auf Schloss Runkelstein bei Bozen (Südtirol) vor. Siegfried sitzt dort in einer Triade der drei kühnsten Recken des Mittelalters neben Dietrich von Bern und Dietleib. Sein Wappen – eine goldene Krone auf rotem Feld – entspricht offenbar einer zur Zeit der Entstehung der Fresken (ca. 1390) verbreiteten Tradition der Identifikation des Helden Siegfried[25].

---

23 Hempel 1960, S. 189; Delbrück 1949, S. 75
24 Krusch 1937, S. 5 ff.
25 Heinzle 1982, S. 71 f., 74, 89

Abb. 3: (In der Mitte) Siegfriedsfigur auf Schloss Runkelstein[26]

Als Adelswappen kommt das Kronenwappen in einem alten Turnierbuch vor[27]. Dort führt der Ritter Wilhelm von Kronberg als „Turnirvogt des Reinstrams" im 6. Turnier zu Trier dieses Wappen im heraldisch rechten oberen Feld seines viergeteilten Schildes. Das Wappen des alten rheinländischen Adelsgeschlechtes kommt auch in Siebmachers Wappenbuch von 1605 auf Tafel 124 vor. Blasonierung: Gevierter Schild. In Feld 1 auf Rot eine goldene Krone, auf 2 und 4 auf Silber 4 (2.2) blaue Kegel (Eisenhütlein), Feld 3 in Rot. Auf dem Helm mit rot silbernen Decken eine schwarze Disteldolde. Heraldisch lässt sich die Krone vermutlich als Verbildlichung des Namensteils Kron- der Stammburg Kronberg deuten. Die Burg wurde ca. 1230 am Südhang des Berges 'Altkönig' erbaut. Stadt und Burg liegen im Taunus-Gebirge nordwestlich von Frankfurt/Main.

Im gleichen Turnierbuch dient die Krone als Identifikationssymbol einer „löblichen Gesellschaft in der Krone", die am 31. Turnier „zu stutgarten in Swaben" teilnahm, das vom 07.01.–09.01.1484 stattfand. Dabei handelte es sich um eine Turniergesellschaft, d.h. einen Zusammenschluss von Adeligen aus der Region „Schwaben", deren Zweck der gemeinsame Auftritt bei Turnieren war. Die Gesellschaft tritt erstmals 1479 in Erschei-

---

26   s. Domanski & Krenn 2000, S. 104 f.
27   Rixner 1530

nung und wird im Jahre 1524 zum letzten Mal erwähnt[28]. Sie ist namensgleich mit einer älteren Gesellschaft, die im Jahre 1372 gegründet wurde, im gleichen Jahr jedoch von Kaiser Karl IV. verboten wurde, weil sie den Landfrieden störte[29]. Ihr Zeichen ist eine goldene Krone, die an einem Band als Anhänger getragen wurde. Ein solches Abzeichen findet sich auf dem Grabmal des Ritters Rudolf von Habsberg (1506) in St. Emmeran in Regensburg[30]. In einigen Wappenbüchern erscheint das Symbol der Gesellschaft als goldene Krone auf einer roten Fahne[31].

Abb. 4: Wappen der Ritter von Cronberg (Siebmacher 1605, Tafel 124; Grünenberg 1481, Blatt CLX)

Abb. 5: Wappen der 'Gesellschaft in der Krone' (Grünenberg (1481), Blatt CXL1 und CC)

In Siebmachers Wappenbuch aus dem Jahre 1772 ist die Krone als Schildfigur im Wappen eines Freiherrn von Schäftenberg aufgeführt[32]. Der Name des Adelsgeschlechtes ist identisch mit Schärfenberg bzw. Scherfenberg und ist in Kärnten bzw. Krain seit dem Mittelalter belegt. Das Wappen zeigt eine goldene Königskrone im blauen Feld und weist der Sage nach auf einen „König von Bulgarien" als Stammvater hin[33]. Ein gewisser Arnulf aus dem Geschlecht der Agilolfinger soll in der windischen Mark im Jahre 902 auf scharfen Berge im Neustadtler Kreis (alter Bezirk Neudek) auf dem rechten Ufer der Save eine Burg erbaut haben, nach der sich das Geschlecht Scharfenberg bzw. Schärfen-

---

28 Kruse/Paravicini/Ranft 1991, S. 421
29 Kruse/Paravicini/Ranft a.O. S. 81/82, Fußn. 3; Ruser 1978 bzw. 1975/76, S. 53
30 vgl. Ganz 1906, S. 23, Fig. 16
31 Kruse/Paravicini/Ranft 1991, S. 421
32 Siebmacher 1772, Bd. I, S.27
33 Puff 1851, S. 8

berg benannte³⁴. Das Geschlecht taucht in einer kärntischen Sage unter dem Titel „Der Scherfenberger und der Zwerg" auf (s.a. Ortssagen der Brüder Grimm). Die Sage nimmt Bezug auf einen Adelsaufstand in Kärnten (1292/93), der sich gegen Meinhard, den damaligen Herzog von Kärnten und Lehnsmann Rudolfs von Habsburg richtete.

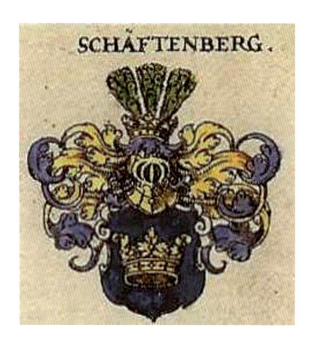 

Abb. 6: Wappen der Freiherren von Scherffenberg/Kärnten (Siebmacher 1772, Bd. I, S. 27; s.a. Grünenberg 1481, Blatt CV)

Abb. 7: Wappen der Herren von Eynenberg, aus: Grünenberg (1481), Blatt CLXIIII b)

Eine goldene Krone im roten Feld ist das Kennzeichen der Herren von Eynenberg zu Landskron im Kreis Ahrweiler, welches als Wappensiegel bereits 1248 belegt ist. Das volle Wappen ist geviert, in 1 und 4 Schrägbalken, begleitet beiderseits von Schindeln, in 2 und 3 jeweils eine goldene Krone im roten Feld. Die Krone ist vermutlich als Visualisierung des Namens Landskron zu deuten.

Im Wappenbuch des Konrad Schnitt (1530–1539) kommt das gevierte Wappen eines „kunig von Punttanie und vom soldan" vor. Es enthält im 2. Feld eine goldene Krone auf Rot und im 3. Feld eine rote Krone auf Gold.

Im Konstanzer Konzilienbuch des Ulrich von Richenthal (1420/30) kommt dieses Wappen auch vor (Fol. 121). Dort ist es einem 'rex punttanie under kaiser soldan' zugeschrieben, dessen realhistorische Identität genealogisch und geographisch unklar bleibt.

---

34   Puff 1851, S. 8 f.

Abb. 8: Wappen des Kunig Punttanie, aus: Wappenbuch des Konrad Schnitt (1530-1539); s.a. Grünenberg (1481), Blatt XXVIII

Eine einzelne goldene Krone in Rot zeigt das Siegel der Stadt Landskron im Schönhengstgau in Böhmen bzw. Tschechien, das angeblich Karl IV. aus Anlass seiner Krönung (1346) der Stadt verliehen hat. In Gebrauch ist es seit 1399. Die Krone wird zuweilen mit der Wenzelskrone verglichen. Ebenfalls eine einzelne goldene Krone auf Blau führt das alte Wappensiegel der siebenbürgischen Stadt Kronstadt.

Abb. 9: Wappen der Stadt Landskron in Schönhengstgau/Böhmen

Abb. 10: Wappensiegel der Stadt Kronstadt /Siebenbürgen

In der Wappensammlung des Konrad Schnitt (1530-1539, Fol. 16r) sowie in der Ehrenpforte Maximilians (dazu s.u.) führt die Stadt Toletum (d.i. der alte Name der Stadt Toledo) ein solches Wappen, das hier bemerkenswert ist, weil es die Hauptstadt des alten Westgotenreiches ist und weil Toletum die Vaterstadt von Brunichildis ist, der späteren Ehefrau Sigiberts I. und Königin von Austrasien.

Abb. 11: Wappen des Kömigs zu Toletum (= Toledo), aus: Wappensammlung des Konrad Schnitt (1530–1539), Fol. 16r

Besonders interessant ist in diesem Zusammenhang das Wappen des Landkreises Mayen-Koblenz sowie der Verbandsgemeinde Rhens. Die goldene Krone von Mayen-Koblenz, welche die blaue Krone auf goldenem Feld im oberen Schildfeld des Drei-Felder-Wappens der Verbandsgemeinde Rhens zitiert, darf wohl als Hinweis auf die deutsche Königskrone betrachtet werden, weil im Mittelalter (ab 1273 bis ins 15. Jh.)[35] in der Stadt Rhens (früher 'Rense') einige Male das Kurfürstenkolleg zusammentrat, um den deutschen König zu wählen. Die Beratungen fanden auf einem 'steynernen Gestuel', dem heute so genannten Königsstuhl statt.

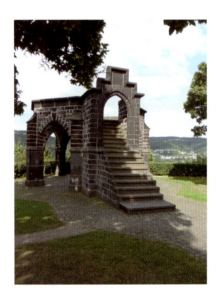

Abb. 12: Foto: Gedenkstätte Königstuhl bei Rhens

---

35 Landesamt für Denkmalpflege Rhld.-Pfalz 2003, S. 146 f.

Eine goldene Krone im blauen Feld enthält auch das Wappen der österreichischen Gemeinde St. Sigmund im Sellrain (Tirol/Österreich), welches ausdrücklich auf den burgundischen König Sigismund Bezug nimmt. Zusätzlich wurde in diesem Wappen ein weißes Bergsymbol eingefügt, welches vermutlich auf den dort betriebenen Wintersport hindeutet.

Abb. 13: Wappen der Gemeinde Rhens   Abb. 14: Wappen der Gemeinde St. Sigmund im Sellrain (Tirol)

Im Sachsenspiegel gilt die Krone, soweit sie allein oder im Zusammenhang mit heraldischen Figuren oder Gegenständen auftritt, als Hinweis auf die deutsche Königskrone[36]. Diese ist als schematische Normalkrone dargestellt, wie sie im 13. bis 15. Jh. üblich war: Über einen Stirnreif sind vier Laubblätter montiert, eines über der Stirn, eines im Nacken und je eines über den Wangen. Davon sind ein Blatt ganz und zwei Blätter je zur Hälfte sichtbar. Die Zwischenräume sind durch kleine Zinken belebt[37].

15   16

Abb. 15: heraldische Königskrone: Normalkrone[38]
Abb. 16: Wappen früher Habsburger

---

36   vgl. Schmidt 1993, S. 95
37   vgl. Neubecker 1990, S. 166/168
38   Gall 1977, S. 15, Abb. 23

Eine Krone dieser Art genügte, um einen König erkennbar zu machen bzw. um Königswürde zu versinnbildlichen, auch und gerade dann, wenn es sich um ein neu erworbenes Land handelte, das der erobernde Fürst annektieren wollte[39]. Insoweit hatte dieses Wappen vermutlich eine ähnliche Wirkung wie die moderne Kriegsflagge: es signalisiert eine Eroberungsabsicht. Solche Wappen heißen in der Heraldik auch Anspruchswappen[40]. Siegfrieds Anspruchshaltung kommt sehr deutlich bei seiner Ankunft in Worms zum Ausdruck. Offenbar angesichts des Wappens befürchtet schon Hagen, dass Siegfried Gebietsansprüche stellen könnte: „Weiß Gott: wie er so dasteht, will es mir scheinen, ein wichtiger Anlass habe ihn dazu bewogen, hierherzureiten" (Str. 103). Siegfried selbst macht aus seiner Eroberungsabsicht kein Hehl (s. Str. 106–110).

Das Kronenwappen kommt gehäuft in den genealogischen Arbeiten von Jakob Mennel Anfang des 16. Jh. vor. Mennel hatte von Kaiser Maximilian I. den Auftrag bekommen, den Werdegang und die Vorläufer des Hauses Habsburg herauszufinden. Der Kaiser wollte die genealogische Argumentation dazu nutzen, Europa mit dynastischen Verknüpfungen zu überspannen, wobei es freilich auch darum ging, gegenüber dem dynastisch-hegemonialen Anspruch des französischen Königshauses Stellung zu beziehen[41]. Ein Teil dieser Bemühungen bezog sich auf Burgund. Im Zusammenhang mit der beabsichtigten Erhebung Österreichs zu einem Erbkönigtum plante Maximilian im Jahre 1510 eine Zusammenlegung von Österreich und Burgund zu einem Königreich unter dem Namen „Austrasien". Der Plan kam jedoch nicht zur Ausführung[42].

Mennel hat in aufwendigen Forschungen eine große Menge an Informationen zusammengetragen und entsprechend seinem Auftrag in genealogischer Absicht verarbeitet. Das Ergebnis ist das Werk „Kayser Maximilians Gepurtsspiegel", erschienen im Jahre 1518, in welchem eine Genealogie der Habsburger bis auf die Trojaner zurückgeführt wird. Die darin genannten Persönlichkeiten wurden von den berühmtesten Künstlern der Zeit, nämlich Albrecht Dürer, Burgkmair, Altdorfer, Kölderer, Leo Beck u.a. in Holzschnitten als fiktive Porträts dargestellt. Laschitzer hat diese Holzschnitte zusammengetragen und im Jahre 1888 publiziert. Jedem Holzschnittbild ist ein Wappen beigefügt, welches das Adelsgeschlecht und/oder die Herrschaften des jeweiligen Fürsten bezeichnet. In einigen dieser Bilder kommt nun das o.g. Kronenwappen als Teil eines 4-Felder-Schildes gemeinsam mit den Wappen der frühen Habsburger, des Oberelsass zusammen mit dem österreichischen Bindenschild und der Staufer vor.

Es sind die Tafeln 55 (Amprintus), 56 (Etopertus), 57 (Rampertus), 58 (Guntramus I), 59 (Leuthardus), 60 (Leutfridus), 61 (Hontfridus), 62 (Guntramus II), 63 (Beczelinus), 64 (Radepoto), 65 (Werenharius), 66 (Otho), 67 (Werenherus), 68 (Adelbertus), 69 (Rudolfus I), 70 (Albertus I)[43]. In der 'Ehrenpforte' Maximilians I. (1515) führen die

---

39 Neubecker 1990, a.O.
40 Hye 1994, S. 281, 284 f.
41 Melville 1987, S. 264 f.
42 Redlich 1931, S. 93 f.; Schauerte 2001, S. 333 f.; Walther 1909, S. 93
43 vgl. Laschitzer 1888 Bildtafeln

genannten und weitere Fürsten ein koloriertes Wappen in der Version „goldene Krone auf blauem Feld" (s. Abb. 18)[44]. Auch einige Heiligen, die Manlius/Mennel 1518 zu den Ahnen des Hauses Habsburg zählt[45], führen in ihrem jeweiligen Holzschnittbild dieses Wappen als Teil eines 4-Felder-Schildes, wobei im 1. und 4. Feld das Streifenwappen der Grafschaft Burgund, im 2. und 3. Teilfeld eben das Kronenwappen dargestellt ist. Es handelt sich um die Tafeln Nr. 45 (Guntramn), 70 (Mauritius), 91 (Rudolfus), 96 (Sigibertus), 97 (Sigimundus) und Tafel 117 (Wiltrudis)[46]. Das Kronenwappen in den Farben „blaue Krone auf goldenem Feld" findet sich unter der Bezeichnung 'Burgend' im Triumphzug (1512)[47] und in der Ehrenpforte (1515) Maximilians I[48].

Abb. 17: (Rechts) Wappenträger 'Burgendt' in Maximilians I. Triumphzug, aus Cod.Min. 77 der ÖNB, fol. 40

---

44   Schauerte 2001, S. 235 ff. mit Erläuterungen
45   bildliche Darstellungen aus dem Jahre 1518, bei Laschitzer
46   Erläuterungen in Laschitzer 1886, S. 70 ff. und 1887, S. 117 ff. und S. 199–205.
47   Winzinger 1973, Nr. 24: Vier Bannerträger, hier: 2. von links; Schestag 1883, Tafel 74 mit Bezug auf Cod. Min. 77 der ÖNB, fol. 40
48   Schauerte 2001 (Ehrenpforte), S. 395, F' Rechter Seitenturm, Erläuterung S. 333, Ziff. 8; und Wappensuite links über dem Mittelportal der Ehrenpforte Herrschaft „Burgend" = *In Gold blaue Krone*, S. 376, Erläuterung S. 222 sowie S. 378 gehäuft im Stammbaum, untere Hälfte vor (jedoch komplementär, d.h. in Blau goldene Krone), Erläuterung S. 229 ff.; s.a. Coreth 1950, S. 103 f.

Abb. 18 (S. 25): Genealogie der frühen Habsburger in der Ehrenpforte Maximilians, s. Herzog-Anton-Ulrich-Museum in Braunschweig

Abb. 19: Das Wappen 'Burgend' in der Ehrenpforte Maximilians

Aus der Werkstatt Jörg Kölderer ist eine Pergamentrolle (um 1512/13) mit ganzfigurigen Porträts von Habsburger Fürsten erhalten, von denen einige dieses Wappen (Version 'blaue Krone auf Gold') in ihrem Schild tragen, nämlich Albrecht IV., Graf von Habspurg, Landgraf im Elsaß (Vater König Rudolfs I., gefallen 1239/40 auf einem Kreuzzug in Askalon, südl. von Tel Aviv[49]), Odobert, Kunig zu Prouantz (= Provence) (er trägt das Kronenwappen auch im Ornat), Ottobert, der erst Fürst zu Habspurg, Haug, der groß Fürst zu Habspurg, und Radepoto, Fürst zu Habspurg[50].

Das 'Burgend' genannte Wappen bezieht sich wahrscheinlich auf die im Mittelalter auch 'pagus ultraioranus' genannte Gegend, welche der burgundische König Rudolf II. in den Jahren 920 bis 935 für sein Königreich Hochburgund hinzugewann. Seit 1127 war dieses Gebiet Teil des Rectorates Burgund unter den Zähringern (zuweilen auch 'Klein-Burgund' genannt)[51].

---

49 Seipel 2002, S. 128
50 Seipel 2002, S. 130 ff.
51 Flatt 1969, S. 360; Fugger/Birken 1658, S. 842: „Das Land Helvetien sonderte sich nach Keys. Heinrichs V. Tod von Burgund ganz ab und ward von Keys. Lothario [Lothar von Supplinburg im Jahre 1127; K.M.] Herz. Conrad zu Zeringen allein mit einem Theil desselben, nämlich dem Uchtland, den Grafschaften Genf, Thun und Burgdorf belehnt: welches Land unter dem Namen *Klein-Burgund* endlich [...] mit Kyburg zum theil an Habsburg gelanget" s.a. Fugger/Birken 1658, S. 30 und 45. Fugger/Birken erwähnen auch, dass der habsburgische Graf Eberhard über seine Gemahlin Anna im Jahre 1284 die Grafschaft Ober-Kyburg samt der *Landgrafschaft Burgund* erheuratet habe (Fugger/Birken 1658, S. 31 und 32).

Abb. 20: Habsburgische Träger des Kronenwappens, aus: Kölderers Pergamentrolle

Nach deren Aussterben im Jahre 1218 bezeichnete 'Burgend' die Landgrafschaft 'Neuchatel' (linkes Aareufer vom Thuner See bis unterhalb Solothurn) und die Landgrafschaft Buchegg (rechtes Aareufer von Thun abwärts bis Aarwangen)[52]. Beide Landgrafschaften gehörten schon früh zu den Besitztümern der Habsburger. Mit dem Erwerb der beiden Landgrafschaften links und rechts der Aare durch Bern im Jahre 1389 und 1406 und dem Vorstoß Berns in den Aargau 1415 wird der Name 'Burgend' bzw. der damit verbundene Herrschaftsanspruch bedeutungslos und verschwindet[53]. Das Wort 'Búrgend' bzw. 'ze búrgenden' ist wahrscheinlich aus dem Wort 'Burgund' entstanden, das im Berner Dialekt auf der 1. Silbe gesprochen wird, wodurch der u-Vokal der zweiten Silbe geschwächt wird. Es gibt dafür einen sprachlichen Beleg im Lied vom Guglerkrieg aus dem 14. Jh. (1375), in welchem Bern als 'búrgenden kron' (= Burgunds Krone) bezeichnet wird[54].

---

52 Franck 1873, S. 31; Flatt 1969, S. 355 ff.; Dazu zählte auch das Archidiakonat Burgenden des Bistums Konstanz (belegt im Liber decimationis) mit den Dekanaten Rote (= Rüti bei Lyssach), Lützelnfluo (= Lützelflüh), Langenowe (= Langnau) und Wengen (= Wengi) (vgl. Person-Weber, 2001, S. 329, 332-338; Schieß 1933, S. 539), Der Begriff kommt auch in einigen mittelalterlichen Urkunden aus den Jahren 1347, Nr. 446 und 1363, Nr. 705 vor (vgl. Thommen 1899, S. 263 ff. und 460 ff.) sowie aus den Jahren 1248, Nr. 590, 1210, Nr. 230, und 1251, Nr. 655 (vgl. Schieß 1933, S. 1,108 f., 268, 292).

53 Flatt 1969, S. 364

54 Justinger, in Oechsli 1918, S. 113/114; Lang 1982, S. 240-243, 142/143

Besonders interessant ist die Darstellung des Königs Rudolf II. von Burgund und der Kaiserin Adelheid von Leo Beck (1518)[55]. Beide führen in ihrem (burgundischen) Wappen im 1. und 4. Feld die goldene Krone im blauen Feld, im 2. und 3. Feld die Streifen der Grafschaft Burgund (s. Postament).

Abb. 21: König Rudolf II. von Burgund; Kaiserin Adelheid,
aus: Unterkircher (1983, Tafeln 45, 49)

Im Blick auf das gevierte Schild bei dem burgundischen König Rudolf II. vermutet Stückelberg, dass das Kronenwappen das erdichtete Wappen der Burgundionen ist[56]. Es bezeichnet Herrscher, die mit dem Haus Burgund als Herrschergeschlecht verwandt sind. In dieser Bestimmung ist es z.B. auch Teil des Wappens von Theopertus, Kunig zu Provancz, Herczog zu Burgundi und Graf zu Habsburg (s. Inschrift). Die zu sehende Bronzefigur am Grabmal Maximilians in der Hofkirche in Innsbruck stellt jedoch König Ferdinand von Portugal dar[57]. Ferdinand ist ein Vorfahr der Mutter Maximilians, Eleonore von Portugal und der letzte Herrscher des altburgundischen Fürstenhauses in Portugal, gestorben 1383[58].

---

55   Unterkircher 1983, S. 27, Tafeln 45 und 49
56   vgl. Stückelberg 1925, S. 34/35
57   Oberhammer 1935, S. 254. Die Inschrift erklärt sich daraus, dass die ursprünglich vorgesehene Theopert-Statue noch im 16. Jh. eingeschmolzen wurde (Scheicher 1986, S. 378). Das Wappen ähnelt dem Wappen der gleichnamigen Statue der Köldererrolle (vgl. Oberhammer 1935, S. 177).
58   Oberhammer 1935, S. 245 Fußn. 1; ders. 1955, S. 9-13 und 125.

Abb. 22: Wappen von Theopertus bzw. Königs Ferdinand von Portugal, und Herzschild im Wappen Gottfrieds von Bouillon, des Herzogs von Lothringen (Grabmal Maximilians)

In der gleichen Bestimmung findet sich am Grabmal Maximilians das Kronenwappen im Herzschild des Wappens der Statue Gottfrieds von Bouillon (1076-1100), des Herzogs von Lothringen und späteren Königs von Jerusalem.

In einigen Handschriften und Wappensammlungen wird das Kronenwappen dem Königreich Burgund und speziell dem burgundischen König Sigismund zugeschrieben[59]. Außer im NL ist die früheste Angabe dieses Wappens im Codex 7692 der Wiener K.K Hofbibliothek zu finden, der in den Jahren 1489 bis 1510 entstanden ist[60]. Der hier interessierende Teil der Handschrift enthält genealogische Studien des Wiener Hofhistoriographen Ladislaus Sunthaym (lebte von 1440-1513), die vermutlich in dem genannten Zeitraum zusammengetragen und eingefügt wurden. Es handelt sich um Vorarbeiten zu einer „gesta regum Burgundiae", wie Sunthaym in einem Brief an Kaiser Maximilian I. mitteilt[61]. Sunthaym war beauftragt worden, einen genealogischen Bezug des Hauses Habsburg zu den burgundischen Königen ausfindig zu machen. Neben anderen Ausführungen über die burgundischen Könige beschreibt Sunthaym das Wappen Siegmunds wie folgt: *„Sanct Sigmund Kunig in Burgund hat ein guldeüne kron in ainem bloen feld"* (Cod. Vind. 7692, Fol. 9r).

59　Jahn 1874, S. 107, Fußn. 1; Das Wappen „goldene Krone auf Blau" kommt auch in einem gevierten Schild in den Feldern 1 und 4 (in den Feldern 2 und 3 ein aufsteigender schwarzer Löwe auf Gold) auf Schloss Runkelstein in Bozen/Südtirol (Turniersaal) vor (vgl. Hye 2000, S. 250, Abb. 387). Das Wappen ist Schweden zugeordnet. Hye (2000, S. 249) vermutet, dass das Wappen dem Wappenbuch des niederländischen Herolds Claes Heinenzoon, genannt Gelre (compiliert in den Jahren 1369 bis 1396) entnommen ist. Das schwedische Wappen zeigt seit dem Mittelalter bis heute jedoch 3 goldene Kronen auf Blau.
60　vgl. Menhardt 1961, S. 1159
61　s. Eheim 1959, S. 79 und 82

Ein weiteres Mal findet sich das Kronenwappen bei der Darstellung Sigismunds in der bereits erwähnten Schrift „Die Heiligen aus der Sipp-, Mag- und Schwägerschaft des Kaisers Maximilians I", die Jakob Mennel bzw. Manlius im Jahre 1518 mit Holzschnitten illustriert herausgab. Dort führt Sigismund wie der o.g. Rudolf II. von Burgund ein 4-Felder-Wappen, wobei im 1. und 4. Feld eine Krone, im 2.und 3. Feld die burgundische Schraffur der Grafen von Burgund (12. Jh.) dargestellt ist[62]. Unter Berufung auf Lazius gibt Gollut an, dass Sigismond als Wappen eine blaue Krone auf goldenem Feld führt[63]. Ebenfalls zitiert Spener in seiner Wappengeschichte[64] einen älteren Bericht von Geliot, der Sigismund, dem König der Burgunder eine blaue Krone im Kopf eines goldenen Schildes zuordnet[65] (s. Abb. 23).

Abb. 23: Sigismunds Wappen, Zeichnung bei Geliot 1660 (blaue Krone im Kopf eines goldenen Schildes)

Abb. 24: St. Sigismund, aus: Laschitzer (1886)

Auch Geliot beruft sich auf Lazius, allerdings ohne genaue Quellenangabe. Bei einer Durchsicht der Schriften von Wolfgang Lazius konnte die Stelle ermittelt werden: Es handelt sich um den Druck „Commentariorum in genealogiam austriacam duo libri", den Lazius im Jahre 1564 veröffentlichte. Dort wird das Wappen der burgundischen

---

62 Laschitzer 1886, Bildtafel 97; Stückelberg 1925, S. 34
63 Gollut 1846, II, 37 col. 196 und III, 8 col. 289
64 Spener 1717, S. 176
65 Geliot 1660, S. 39/40; dargestellt S. 41, Nr. V

Könige im dargestellten Sinne beschrieben⁶⁶: „*Burgundiae quippe primorum regum, quorum S.Sigismundus martyrii laude claruit, gentilia decora, coelestina corona fuerat in aureo clypeo*" (Das Geschlechtskennzeichen der ersten Könige Burgunds, unter denen der Hl. Sigismund durch ein Martyrerlob glänzt, ist die himmlische [= blaue; K.M.] Krone im goldenen Schild gewesen)⁶⁷. Sigismund ist als „rex et martyr" und als herausgehobene Gestalt der Dynastie der Burgunderkönige in einer Genealogie der Habsburger aus dem Jahre 1616 (Piespordius) aufgeführt, in welcher ihm dieses Wappen zugeordnet ist⁶⁸. Dort heißt es⁶⁹:

> *S. Sigismundus*, Gundebaldi Filius, post mortem patris a Clodoveo in partem regni paterni ultra Ararim restitutus, fit *rex Burgundiae IV.* A Clodomiro Francico Aurelianorum rege, quod in gratiam uxoris posterioris Suggerum prioris thori suffocalset. aut quod Clodomirum Regni occupandi cupido eo impelleret, bello aggressus, victus et Aureliae una cum uxore et liberis posteroris thori in puteum coniectus martyrij coronam et inter Divos a morte refferi meruit

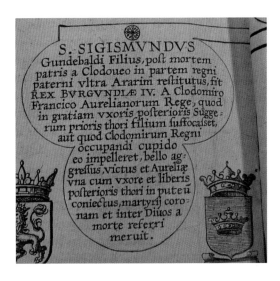

Abb. 25: Sigismunds dynastisches Wappen (Piespordius, 1616, Pag. I)

---

66 Lazius 1564, Praefatio, S. 8 und 15 und Lib. 1, S. 31 und 99
67 Lazius 1564, S. 99
68 Piespordius 1616, Pag. I
69 übersetzt: Der heilige Sigismund, Sohn Gundobalds, nach dem Tod des Vaters von Chlowig im Teil des väterlichen Königreichs jenseits der Aare wiedereingesetzt, wurde der 4. König von Burgund. Weil er seiner zweiten Frau zuliebe Suggerus [= Sigerich; K.M.], Sohn der ersten Gattin, erwürgte, oder weil er Chlodomir angriff, begierig, sich dessen Königreichs zu bemächtigen, wurde er von Chlodomir, dem fränkischen König von Orleans mit Krieg überzogen, besiegt und zusammen mit seiner Frau und Kindern der zweiten Gattin in einen Brunnen bei Orleans geworfen. Er erhielt die Martyrerkrone und verdiente, vom Tode unter die Götter aufgenommen zu werden.

Interessant ist dabei der geographische Hinweis auf das Gebiet „ultra Ararim" (jenseits der Aare), welches als burgundisches Kernland mit dem König Sigismund in Verbindung gebracht wird und zweifellos das bereits identifizierte 'Burgend' meint.

Die Farbkombination gold/blau symbolisiert ursprünglich die Verbindung des Adels (goldfarben) mit dem Himmel (himmlisch = blau). Die Farbe 'blau' zitiert den göttlichen Stein Lapislazuli, den man mit dem Blau des im Altertum als steinern vorgestellten Himmels[70] vergleicht und deshalb auch coelestis, coelestinus, coeruleus nennt[71]. Eine 'blaue Krone' ist als Kriegs- bzw. Triumphkrone schon in altägyptischer Zeit unter der Bezeichnung 'Chepresch' bei den Pharaonen der 18. Dynastie (ca. 1539–1075 v. Chr.) belegt[72]. Die fünffache blau/goldene Schrägteilung, die das heutige Wappen der Bourgogne prägt, ist bereits auf dem Nemes-Kopftuch der ägyptischen Pharaonen zu sehen (z.B. Totenmaske Tut-anch-Amuns). Sie ist möglicherweise eine Reminiszenz an den Ägypter St. Mauritius, dem Patron Burgunds, und seine thebaische Legion, die, wie der Name Theben vermuten lässt, aus Ägypten stammte. Bei Sigismunds blau/goldenem Kronenwappen symbolisiert die blaue Farbe vermutlich die stark religiöse Ausrichtung seines Königtums, die sich in seiner Förderung des Katholizismus, aber auch in der Gründung des Klosters St. Maurice d'Agaune und in seiner dortigen Funktion als Laienabt und schließlich im Martyrerstatus zeigt, der ihm wegen seiner Reue über seinen Mord an seinem eigenen Sohn Sigerich und seiner Einführung eines klösterlichen Reue-Rituals (laus perennis) zuerkannt wurde. Anzunehmen ist, dass je nach dem Legitimationszweck als weltlicher König (rex) oder in religiöser Akzentuierung die Krone mal blau und das Schildfeld goldfarben sein kann oder umgekehrt. Nach der Verwendung in der 'Ehrenpforte' bedeutet die Version 'blaue Krone auf Gold' das dynastische Wappen des Hauses Burgund und die Version 'goldene Krone auf Blau' das Herrschaftsgebiet Burgund als Teil-Territorium des genannten habsburgischen Fürsten. Die Wahl der Farbe gold oder blau für die Krone kann auch mit der heraldischen Farbregel und der Einpassung des Wappens in ein mehrfeldiges Wappenschild zu tun haben. Im Schrifttum ist Sigismunds Kronenwappen zuerst im Nibelungenlied nachweisbar; ein früheres Vorkommen ist wahrscheinlich. Die Farbkombination Gold/Blau, die das heutige Wappen der Bourgogne (Fünffache Schrägteilung Gold-Blau im Wechsel) prägt, geht wohl auf dieses alte burgundionische Kronenwappen zurück.

---

70 vgl. Merkelbach 2005, S. 113
71 Bernd 1849, S. 43; In der römischen Antike (bei Vitruv, ca. 1. Jh. n. Chr.) gab es die Bezeichnung 'Armenium' für Armenischblau, welche Bezeichnung die Vermutung nahelegt, dass der Name 'Arminius' des Cheruskerfürsten als ein adelssymbolisch aufgeladener Beiname, in etwa als der 'Blauäugige' aufgefasst werden kann (vgl. Schoppe 2007), S. 126; Vitruv (Ausgabe 2004), VII, 5,8 und 9, 6; Armenium (übersetzt Armenischblau) zeigt durch seinen Namen an, in welcher Gegend es gewonnen wird, (s. S. 253, Fußn. 2)
72 Davies 1982, S. 73

Abb. 26: Gegenüberstellung der beiden Wappenversionen

Fazit dieser Wappenrecherche ist, dass Wappen mit einer einzelnen Krone als Schildfigur in den historischen Wappensammlungen gelegentlich als Geschlechterkennzeichen und als Stadtsiegel bzw. -wappen vorkommen, wobei die Krone meist als Visualisierung des (Teil-)begriffes -Krone in der Bezeichnung der Herrschaft oder der Gemeinde dient. Mit dynastischem Bezug findet sich das Kronenwappen hauptsächlich im Zusammenhang der genealogischen Projekte Kaiser Maximilians I., wo es im Wappen einiger früher Habsburger auftaucht. In der Version „blaue Krone auf goldenem Feld" bezeichnet das Wappen im Triumphzug und in der Ehrenpforte Maximilians das Adelsgeschlecht 'Burgend(t)'. Damit ist die Aussage verbunden, dass die ehemals gleichnamigen Landgrafschaften links und rechts der Aare ursprünglich zum Herrschaftsbereich der burgundischen Könige gehörten und später den Habsburgern zugeeignet wurden, die sich mit der altburgundischen Königsdynastie verwandtschaftlich bzw. genealogisch verbunden fühlten[73]. Die Version „goldene Krone auf blauem Feld", die im Wappen einiger früher Habsburger in der Ehrenpforte vorkommt, bestärkt diese Vermutung, da in Kölderers Pergamentrolle die gleichen Figuren die Version „blaue Krone auf goldenem Feld" tragen. Den 'Nachweis' der Verbindung der Habsburger mit der altburgundischen Königsdynastie hat Mennel 1518 erbracht, indem er den ersten Habsburger Ottpert zum Sohn des gleichnamigen angeblich franko-burgundischen Königs Theodebert II. (596–614) erklärte[74]. Dieser „Nachweis", der schon damals umstritten war[75], gilt inzwischen als widerlegt[76], zumal nicht Theodebert II., sondern sein Bruder Theoderich II. franko-burgundischer König (596–614) war[77], und die Söhne Theudeberts II. umgebracht

---

73 vgl. Baum 1996, S. 174; vgl. Piespordius: Sigismundus [...] a Clodoveo in partem regnis paterni ultra Ararim restitutus; 1616, Pag. I; entsprechend seiner Vermutung, dass der Hausmeier und vir inluster Rado der Vater Otberts – des legendären Urahns der Habsburger – ist, sieht Dobler (2001, S. 35, 45) in der Schenkung Chlothars II. namentlich nicht genannter Gebiete in Burgund an Rado im Jahre 613 ein Indiz für besitzgeschichtliche Beziehungen der frühen Habsburger nach Burgund.

74 Mertens 1988, S. 136 f., 137

75 vgl. Stabius in Cod. 9045, Fol. 5 C: „Ecce hic iterum pro Childeberto filio Sigeberti ignoranter Theodobertum supposuit"; s.a. Laschitzer 1888, S. 19 ff.

76 vgl. Althoff 1986, S. 423 f.; ders. 1988, S. 74 f.

77 Ewig 1997, S. 50 f.

wurden[78]. Eine Verbindung zwischen den frühen Habsburgern und der burgundischen Königsdynastie stellt auch Lazius (1564) fest. Zu der blauen Krone, welche den Kopf des roten Löwen im Stammwappen der Grafschaft Habsburg[79] bekränzt, erklärt Lazius:

> „[...] invenimus, insignia regum illius Burgundiae, exterioris videlicet, eadem cum Habspurgicis sive Avendspurgis esse, hoc est, Leonem rubrum coelestina corona redimitum in aureo clypeo (licet interdum eius Burgundie & sola corona coelestina in aureo clypeo sit picta) iam me in certam cognitionem pervenisse existimabam, generis Habspurgici, cum Burgundiae illius regum stemmate coniungendi."[80]

(übers.: [...] fanden wir, dass die Insignien der Könige jenes Burgund, des außen gelegenen freilich, mit den Habsburgischen oder Avendsburgischen identisch sind, nämlich, ein roter Löwe bekränzt mit einer himmlischen [= blauen; K.M.] Krone im goldenen Feld (wenn bisweilen auch erlaubt ist, dass – als Insignien der Könige [Anknüpfung an den Vordersatz; K.M.] – dieses [= innen gelegenen; K.M.] Burgund eine einzelne himmlische Krone gemalt ist) glaubte ich, dass ich die sichere Erkenntnis gewann, dass das Geschlecht der Habsburger mit den burgundischen Königen zusammenhängt)[81].

Das Kronenwappen bezieht Lazius auf den heiligen König Sigismund, da er in der Reihe dieser Könige durch sein Martyrerlob herausgehoben ist (s.o.). Die Königskrone, welche den Kopf des roten Löwen der Habsburger bekränzt, führte zuerst Herzog Rudolf IV. (1359)[82] im Siegel. Als blaue Krone ist sie nachweislich seit Maximilian I., d.h. seit ca. 1500 bis in die neueste Zeit[83] präsent. Fugger/Birken[84] führen die blaue Krone im Wappen der Habsburger auf die Krone im Wappen der austrasischen Königsdynastie zurück: „Das Stammwappen der Graven von Habsburg ist [...] ein purpurroter Löw mit einer himmelblauen Kron im güldenen oder geelen Feld [...]. Nachdem sich das Geschlecht Sigeberti in die Herzogen zu Schwaben oder Alemannien und Landgraven im Elsaß getheilet, haben diese so das Stammhaus Habsburg erbauet und sich davon geschrieben einen von den dreyen Wappen-Löwen des Herzogtums Schwaben vor sich erwehlet und ihm die Kron als das Austrasische Königliche Wappen aufgesetzt: um zu bemerken, dass sie aus dem Stammen beydes der Könige in Austrasien und der Herzogen in Alemannien entsprossen seien." Aus dieser Aussage kann gefolgert werden, dass

---

78 Fredegar IV, 38; Liber historiae Francorum 38; Ewig 1997, S. 51
79 vgl. Ströhl 1899
80 Lazius 1564, S. 8; s.a. S.135
81 Lazius unterschiedet hier zwei burgundische Gebiete, ein deutsches (habsburgisches) und ein welsches Burgund. Diese Unterscheidung findet sich zuerst in einer Urkunde aus dem Jahre 1367 (vgl. Stolz 1943, S. 28)
82 Gall 1977, S. 147; Pettenegg 1882, S. 492
83 Pettenegg 1882, S. 471, 499, 501, 505 ff.
84 Fugger/Birken 1658, S. 26

Abb. 27: Wappen Austrasiens (links) (g = goldene Krone auf r = rotem Feld)
und das Wappen der Verbindung des austrasischen Königshauses
und der alemannischen Herzöge (rechts)
(gespaltener Schild: heraldisch rechts: goldene Krone auf Rot;
heraldisch links: goldener Löwe auf 5 mal b = blau/w = weiß schräggeteiltem Feld)
(in Fugger/Birken 1658, S. 14 und 22)

nach Auffassung der Autoren die habsburgische blaue Krone mit der austrasischen Krone identisch ist und die Farbe der austrasischen Krone blau ist. In ihrer heraldischen Veranschaulichung (Abb. 27) des austrasischen Wappens findet sich zwar eine goldene Krone auf rotem Feld, merkwürdigerweise jedoch kein Hinweis auf eine blaue Krone, zumal die Autoren bemüht sind zu beweisen, dass die Habsburger genealogisch aus einer Verbindung des austrasischen Königshauses mit den alemannischen Herzögen (goldener Löwe auf 5mal blau/weiß schräggeteilt) hervorgehen. Auch bleibt das rote Schildfeld in ihrer Argumentation unberücksichtigt. Ihre verbale Aussage widerspricht somit ihrer heraldischen Darstellung. In der Annahme, dass ihre Behauptung nicht einfach nur aus der Luft gegriffen ist, ist sie mit dem austrasischen Wappen nur dann in Übereinstimmung zu bringen, wenn sich erweisen lässt, dass die goldene Farbe der Krone bei gleich bleibendem heraldischem Aussagegehalt durch die Farbe Blau auswechselbar ist. Diese Bedingung trifft auf die beiden o.g. Versionen des Wappens der burgundionischen Königsdynastie zu. Insoweit ist es gerechtfertigt, die goldene Krone im Wappen des Königreichs Austrasien (s.o.) als heraldisch äquivalent mit der blauen Krone der burgundionischen Könige zu betrachten.

Das Missverständnis entsteht durch Fugger/Birkens unklaren Austrasien-Begriff. Ihre Aussage, dass die blaue Krone Habsburgs mit der goldenen Krone Austrasiens äquivalent ist, kann auch so verstanden werden, dass nicht nur das alte merowingische Austrasien gemeint ist, sondern eine Verbindung von Austrasien und Burgund, in etwa dergestalt, dass die burgundische dynastische Krone über Austrasien herrscht. Für diese Verbindung gibt es geschichtliche Grundlagen, die bis in die Zeiten der merowingischen

Königin Brunichildis und ihren Adoptionsvertrag aus dem Jahre 577 in Pompierre[85] mit dem frankoburgundischen König Gunthramn (reg. von 561–592 in Burgund) zugunsten ihres Sohnes Childebert zurückreichen. Gemäß diesem Vertrag und dem Vertrag von Andelot aus dem Jahre 586[86] entstand nach dem Tod König Gunthramns im Jahre 593 eine Personalunion zwischen Austrasien und Burgund unter Childebert II. Nach dessen Tod im Jahre 596 wurde Austroburgund unter seinen Söhnen wieder geteilt; der austrasische König Theudebert II. akzeptierte die Teilung jedoch nicht, da auf Druck des burgundischen Adels und mit Billigung der Regentin Brunichildis einige austrasische Gebiete, nämlich das Moselland (Saintois), Elsaß und Thurgau dem Königreich Burgund, also Theuderich II., zugeschlagen wurden[87]. Die Auseinandersetzung über diese Frage führte schließlich zum Krieg, in dem Theudebert II. in der Schlacht vor Toul im Jahre 612 unterlag und vollständig, d.h. mit seiner ganzen Familie entmachtet bzw. getötet wurde[88]. So wurde Austroburgund, d.h. das Reich Childeberts II., unter burgundischer Vorherrschaft für ein paar Monate wiederhergestellt, bis es dann nach dem Tod Theuderichs II. im Jahre 613 in das Gesamtfrankenreich Chlothars II. eingegliedert wurde. Nach dem Ende des Karolingerreiches gründete Rudolf I. im Jahre 888 das Königreich Hochburgund, indem er sich in St. Maurice d'Agaune, dem Kloster des burgundischen Königs Sigismund, selbst krönte[89]. In seinem Selbstverständnis als „rex burgundionum" – mit diesem Titel stellten er und seine Nachfolger sich bewusst in die Tradition der alten burgundionischen Königsdynastie[90] – erneuerte er den alten burgundischen Anspruch auf die ehemals austrasischen Gebiete Moselland, Elsaß und Thurgau und im weiteren auf den nördlichen Teil des vormaligen Mittelreiches (Lotharingiens), indem er sich ein zweites Mal in Toul krönen ließ[91]. Rudolf I. konnte seinen Herrschaftsanspruch gegen Arnulf von Kärnten, den damaligen ostfränkischen Herrscher, militärisch zwar nicht durchsetzen; er und seine Nachfolger hielten ihn jedoch weiterhin aufrecht. Dieser alte burgundische Anspruch ist noch in den Eroberungszügen Karls des Kühnen im 15. Jh. zu spüren[92].

Mit der Feststellung, dass Fugger/Birkens Theorie über die Herkunft der habsburgischen blauen Wappenkrone auf die Personalunion zwischen Burgund und Austrasien und den Dominanz-Anspruch der burgundionischen Königsdynastie über Austrasien zu beziehen ist, kann auch ihr Austrasien-Begriff spezifiziert werden. Sie verstehen unter 'Austrasien' anscheinend das Austrasien-Projekt Kaiser Maximilians I. von 1508/1510,

---

85 Schneider 1972, S. 118 f.; Gregor v. Tours V, 17
86 Gregor v. Tours IX, 20, Schneider 1972, S. 124 ff.
87 Weidemann 1982, S. 492 f.; Ewig 1997, S. 50 f.
88 Fredegar-Chronik IV, 38, in: Kusternig 1982, S. 193 ff.; Wurstemberger 1862, I, S. 276, § 21; Schneider 1972, S. 134 f.
89 Regino v. Prüm, Regino-Chronik ad a. 888, Rau (Hrsg.) 1966
90 vgl. Poupardin 1907, S. 183, Belege s. dort Fußnote
91 Dümmler 1888, S. 319 f.; Wurstemberger 1862, Bd. II, S. 7 f., § 9; Schieffer 1977, S. 6; Boehm 1961, S. 30 ff.
92 vgl. Heinig 2004, S. 59; Schieffer a.O.

demzufolge Österreich (Austria) und Burgund zu einem Königreich mit der Bezeichnung 'Austrasien' vereinigt werden sollten (dazu s.u.). In diesem Zusammenhang veranschaulicht die blaue Krone der burgundionischen Königsdynastie, als deren Erben sich die Habsburger betrachteten, den habsburgischen Anspruch auf den Status Österreichs als Erb-Königreich. Die blaue Krone des habsburgischen Löwen visualisiert somit die Legitimationsgrundlage bzw. den Anspruch und das Bestreben der Habsburger im Mittelalter und der frühen Neuzeit, insbesondere Kaiser Maximilians I., Österreich mit Hilfe der burgundischen Königskrone zum Königtum zu erheben. Zur Durchsetzung dieses Anspruchs gab es mehrere Anläufe, die jedoch insgesamt scheiterten[93].

Abb. 28: Habsburgs Wappen „blau bekränzter roter Löwe auf goldenem Grund" (heraldisch rechts); heraldisch links Lothringen, in der Mitte der österreichische Bindenschild

Abb. 29: Wappen König Rudolfs I. von Habsburg (Grabmal Maximilians I. Innsbruck)

Das burgundische Kronenwappen als Insignie eines eigenständigen Territoriums verschwindet ab Rudolf I. von Habsburg aus dem habsburgischen Gesamtwappen (s. Wappen König Rudolfs von Habsburg im Grabdenkmal Maximilians I. in Innsbruck[94]). Die Gründe dafür liegen einerseits vermutlich in dessen Wahl zum deutschen König im Jahre 1273 und der damit verbundenen Aufnahme des Adlerwappens, andererseits in der Unabhängigkeit der Eidgenossenschaft.

---

93   Zöllner 1988, S. 31 ff., 34
94   aus Oberhammer 1935, S. 280

II. Siegmunds Königreich

König Siegmund und der burgundische König Sigismund

Nicht nur wegen des Wappens, sondern auch im Hinblick auf die Namensgleichheit kommt als historische Vorlage des Königs Siegmund von Xanten im Nibelungenlied der burgundische König Sigismundus in Betracht[95], zumal beide den Königstitel tragen. Allerdings wird Siegmund im NL nicht explizit als Heiliger behandelt. Zwar ist Sigismund wie die „Passio Sigismundi" beweist, bereits seit dem 8. Jh. als Heiliger bekannt[96]; eine offizielle Kanonisation durch den Papst ist aber nicht überliefert. Päpstliche Heiligsprechungen gibt es erst seit Ende des 10. Jh.[97]. Interessant ist in diesem Zusammenhang die ihm von Piespordius (1616) zugeordnete Konsekrationsformel „inter divos refferi meruit", die in der Antike verstorbenen Kaisern zugesprochen wurde[98].

Spätestens seit dem 8. Jh. ist Siegmund eine wichtige Figur in der Heldenepik. Das beweist die Namensgleichheit des Siegmund im Nibelungenlied mit dem *Siegmund des angelsächsischen Gedichtes Beowulf* (Strophen 875-916)[99]. Das Gedicht Beowulf schreibt dem Siegmund Drachentötung und Hortgewinn zu, also die Taten, die im Nibelungenlied vom jungen Siegfried berichtet werden[100]. Daraus könnte man folgern, dass Drachenkampf und Hortgewinn ursprünglich eine Sache des Sigemund war, die spätere Generationen einfach auf Sigurd/Siegfried übertragen haben[101], da die Beowulf-Überlieferung wahrscheinlich älter ist[102]. Der Beowulf seinerseits könnte sich auf die „passio sancti Sigismundi regis" beziehen, die ein fränkischer Mönch von St. Maurice (wahrscheinlich im 8.Jh.) verfasst hat[103]. Eine sinnvolle Beziehung ist insofern gegeben, als der heilige Sigismund der Passio das Sumpffieber bannt[104], während der Held des Beowulf eine andere als Drachen personifizierte Gefahr wilder Sumpf- und Berglandschaften bezwingt[105].

Im Beowulf-Epos ist Sigismund Waelses (nordisch: Volsungr) Spross (Str. 895), also der Sippe der Völsungen zugehörig. Es ist leicht zu erkennen, dass dieser Name mit dem Landschaftsnamen Wallis im oberen Rhonetal zusammenhängt, in welchem St. Maurice

---

95 Zöllner 1957, S. 5
96 Zöllner 1957, S. 4
97 vgl. Klauser 1954, S. 91
98 Die Formel „inter divos referri meruit" (er hat es verdient, unter die Staatsgötter aufgenommen zu werden) ist von Eutrop überliefert. Er beschreibt damit die Konsekration römischer Kaiser nach deren Tod (vgl. Clauss 1999, S. 357 ff., 520 f.)
99 Hube 2005, S. 114 ff.
100 Holz 1914, S. 78
101 s. Drachenkampflied, Str. 16, vgl. Genzmer 1975, S. 115, 122; Wild 1962, S. 19 f.
102 Hube 2005, S. 123
103 Zöllner 1957, S. 3 f., S. 8
104 Erläuterung bei Folz 1958, S. 325
105 Zöllner 1957, S. 8

d'Agaune (bzw. St. Maurice en Valais), Stiftung und Grabstätte Sigismunds liegt[106]. Die Gründung des Klosters St. Maurice d'Agaune im Jahre 515 hat ihn mit dem Mauritius-Kult und mit den Martyrern der thebaischen Legion in Zusammenhang gebracht[107]. Wie Mauritius wurde er zum Symbol der Verbindung von staatlicher Macht und christlicher Tugend[108].

Abb. 30: Hl. Mauritius, aus: Laschitzer 1886

Abb. 31: Kloster St. Maurice d'Agaune im oberen Rhonetal – Abteikirche (Foto: Lothar Spurzem)

Im Gefolge des Mauritius verbreitete sich auch der Kult Sigismunds[109]. Verehrt wird er als Martyrer, weil er nach älterer Anschauung ungerecht und wehrlos ermordet wurde[110].

Ein wichtiges Indiz für die Annahme der Identität zwischen Siegmund von Xanten und Sigismund von Burgund bezieht sich auf die Verbindung zwischen St. Maurice d'Agaune und Xanten. Das Kloster St. Maurice im Wallis ist dem Führer 'Mauritius' der christlichen thebäischen Legion geweiht. Die Kirche des Kollegiatsstifts und der Dom in Xanten sind ebenfalls einem der Märtyrer der gleichen Legion geweiht, nämlich dem heiligen Victor, der dort im Jahre 286 umkam und als Drachenkämpfer und -sieger seit dem frühen Mittelalter bezeugt ist[111]. Interessant ist, dass auch Victor die Martyrerkrone

---

106 Zöllner 1957, S. 9
107 Zufferey 1986, S. 47
108 Zufferey 1986, S. 58
109 Clauss 1935, S.119
110 Clauss 1935, a.O.
111 vgl. Zöllner 1957, S. 11

trägt[112] und als solcher schon seit dem Jahre 383 in Xanten verehrt wird[113]. Die ursprünglich burgundische Siegmund-Sage nimmt in St. Maurice, am Grab Sigismunds seinen Ausgang und wandert parallel dem Mauritius-Kult (von den Merowingern als Reichskult rezipiert) an den Niederrhein[114]. Für die Verbreitung scheint Suavegotto, die Tochter Sigismunds und Ehefrau des austrasischen Königs Theuderich I. zusammen mit ihrem Sohn Theudebert I. (regiert von 532–548) gesorgt zu haben[115]. Diese Annahme liegt nahe, weil ihr Sohn Theudebert I. bei der Teilung des Burgunderreiches im Jahre 534 die Herrschaft über das Kloster St. Maurice d'Agaune erlangte[116]. In Xanten verbindet sich die Sigmund-Sage mit der Sage um den einheimischen Drachentöter Siegfried[117], dessen Mythos teilweise mit Herrmann dem Cherusker bzw. Arminius zusammenhängt, der vermutlich als römischer Offizier in Xanten stationiert war.

Als ein mögliches realgeschichtliches Bezugsgebiet zu dem nibelungischen Xanten kommt auch das mosselländische Xaintois südlich von Toul in Betracht. Auch dort sind realgeschichtliche Bindungen zu St. Maurice d'Agaune und zum Königreich Burgund (s. dazu unten) nachgewiesen.

Abb. 32: Foto: Statue von St. Viktor in Xanten

---

112   vgl. Besson 1913, S.18
113   Baesecke 1940, S. 244
114   Baesecke 1940, S. 286; Prinz 1965, S. 89
115   vgl. Runde 2003, S. 179
116   Runde a.O.
117   Baesecke 1940, S. 245

Ein zweites Indiz für die Verbindung von Siegmund von Xanten und Sigismund von Burgund ist das seit dem 6. Jh. in der Heldenepik bekannte[118] sagenhafte Vater-Sohn-Verhältnis Siegmunds zu Siegfried bzw. Sigurd in der Edda[119]. Das Vater-Sohn-Verhältnis zwischen Siegmund und Siegfried im NL zitiert die realgeschichtliche Vater-Sohn-Beziehung zwischen König Sigismund und seinem Sohn Sigerich. Wahrscheinlich im Anschluss an die Passio Sigismundi gerät diese Beziehung im Nibelungenlied zu einem Familienidyll, wohingegen der realhistorische Sigismund seinen Sohn Sigerich umbringt. Der Mord bzw. die Rache für den Mord ist der Anlass für kriegerische Auseinandersetzungen der Burgunder mit den Franken und den Ostgoten, die schließlich zum Untergang des Reiches der Burgunder im Jahre 534 führten (s. dazu unten). Auffällig ist das Verhalten Siegmunds nach dem Mord an Siegfried im Nibelungenlied. Siegmund verzichtet aus taktischen Gründen auf Rache, die ihm nach germanischer und mittelalterlicher Sitte eine Pflicht gewesen wäre[120], und überlässt Kriemhild, also einer Frau, die Rache, eine für das Mittelalter völlig ungewöhnliche Handlungsweise. Im Verzicht auf Rache schimmert die Realgeschichte in die Sage, denn für einen Vater, der seinen Sohn selber umbringen lässt, ist die Racheforderung widersinnig.

Ein drittes Indiz für die Identität zwischen Siegmund von Xanten und Sigismund von Burgund kann in der Einbeziehung Dietrichs von Bern bzw. des historischen Theoderich gesehen werden. Denn die Verpflichtung zur Rache richtet sich auch an Theoderich, den Schwiegervater Sigismunds. Sigerich war der Sohn von Osthrogoto, der Tochter Theoderichs, die mit Sigismund in erster Ehe verheiratet war. Somit war Sigerich Theoderichs Enkel. Auf die Nachricht von der Ermordung seines Enkels durch seinen Schwiegersohn Sigismund bot sich für Theoderich ein überzeugender Grund und vielleicht auch Vorwand, militärisch gegen den Burgunderkönig vorzugehen. Theoderich war Arianer, Sigismund Katholik. Theoderich beobachtete mit Argwohn die Anbiederungspolitik Sigismunds gegenüber dem oströmischen Kaiser, die sich gegen das ostgotisch beherrschte Italien richtete. Er schloss mit den Franken ein Bündnis und vereinbarte mit ihnen einen Feldzug gegen die Burgunder. Während sich die gotischen Truppen an der Grenze des burgundischen Gebietes taktisch zurückhielten, rückten die verbündeten Franken in Burgund ein. Da die Franken und Ostgoten die Rache für Sigismunds Sohnesmord als Kriegsgrund propagierten, ließ sich Theoderichs taktische Zurückhaltung als Verzicht auf Rache mit Rücksicht auf die verwandtschaftlichen Beziehungen zu Sigismund deuten.

Ein viertes Indiz für die Identität zwischen Siegmund von Xanten und Sigismund von Burgund ist Siegfrieds Krönung und das Lob seiner Herrschaft im Nibelungenlied:

Siegmund übergab seinem Sohn die Krone, die Gerichtsbarkeit und das Land. Von nun an herrschte er über alle, die vor sein Gericht kamen und unter seine Rechts-

---

118 vgl. Baesecke 1940, S. 287
119 s.a. Drachenkampflied Str. 16, vgl. Genzmer 1975, Band 1, S. 122
120 Schulze 1997, S. 235

hoheit gehörten. Seine Rechtsprechung aber war so, dass man ihn, den Gemahl der schönen Kriemhild, wegen seiner gerechten Strenge fürchtete (Str. 714)

Realgeschichtlich gibt es für diesen Vorgang eine klare Parallele in der Krönung Sigismunds zum Mitregenten im Landesteil Genf auf Geheiß seines Vaters Gundobad. Insoweit ist die Strophe 714 vermutlich das Ergebnis einer Vermischung von Informationen über Siegfried und solchen über Sigismund. Nach Fredegar[121] fand die Krönungszeremonie in der Villa Quatruvium bei Genf (heute Stadtteil Carouge) nach dem Tod von Gundobads Bruder Godegisel (also wohl um das Jahr 501) statt[122]. Im Lob der rechtsgebundenen Herrschaftspraxis Siegfrieds liegt außerdem eine deutliche Anspielung auf Gundobads und danach Sigismunds Gesetzeswerk der „lex Gundobada" bzw. der „lex Burgundionum" vor. Für Sigismunds gesellschaftliche Bedeutung im Mittelalter ist auch wesentlich, dass er neben seinem Vater Gundobad als Schöpfer des Rechtssystems der lex Burgundionum galt[123].

Das Leben des burgundischen Königs Sigismundus

Geboren etwa 474[124] als Sohn des Königs Gundobad und seiner Ehefrau Caretene[125], wird er nach dem Tod seines Vaters im Jahre 515 durch Schilderhebung zum König bestimmt. Zuvor war er schon um das Jahr 501 auf Geheiß seines Vaters Gundobad vermutlich als Nachfolger des getöteten Godegisel[126] zum Mitregenten proklamiert worden[127]. Seine Residenz befand sich in Genf, genauer in Quatruvium (heute Carouge). Er hatte einen Bruder namens Godomar und eine (Halb-?)Schwester, die schon im Jahre 500 als Jungfrau verstarb[128]. Auf Fürbitte seiner Cousine Chrotechildis (= Chlotilde) bestätigte deren Ehemann, der fränkische König Chlodwig, seine Krönung[129]. Zwischen 500 und 506 trat er zum katholischen Glauben über[130]. Um das Jahr 494 heiratete Sigismund Osthrogoto[131] – den Namen Ostrogotho gibt Jordanes (551)[132] an; nach dem

---

121 Fredegar III, Kptl 104
122 Springer 1981, S. 397
123 vgl. Beyerle 1936 S. VII ff., 3
124 vgl. Baesecke 1940, S.246
125 Kampers 2000, S. 9
126 Jahn 1874, S. 176; Wolfram 1990, S.359
127 Fredegar III, 33
128 vgl. Avitus, Epist V; Kampers 2000, S.19 und 29 f.
129 vgl. Sigismond 1666, S. 40
130 Zöllner 1970, S. 65, Fußnote 4; nach Binding 1868 geschah dies schon zwischen 496 und 499, vgl. S, 241, Fußn. 832
131 Binding 1868, S. 108, 226, Fußn. 781; Springer 1981, S. 396 f.
132 Jordanes (551), Ausgabe 1913, Kptl. 58

Anonymus Valesianus war ihr Name Arevagni[133]; nach P. Sigismond war ihr Name Amalaberga[134] -, eine Tochter des ostgotischen Herrschers Theoderich, mit der er zwei Kinder hatte, Sigerich und Suavegotho. Ostrogotho bzw. Areagni bzw. Amalaberga starb früh (wahrscheinlich 518/520) eines natürlichen Todes[135]. Nach ihrem Tod heiratete Sigismundus ein zweites Mal, aber nicht standesgemäß. Die zweite Ehefrau war wohl eine burgundische Römerin[136], hieß wahrscheinlich Konstanze und war zuvor eine Hofdame der Amalaberga gewesen. Aus dieser Ehe gingen zwei Söhne, Gisclahad und Gundobad (s. Vita Sigismundi), hervor. Im Verlauf einer Hofintrige auf Anstiften seiner zweiten Frau ließ Sigismund von gedungenen Mördern seinen ältesten Sohn aus 1. Ehe, Sigerich, im Jahre 522 ermorden[137], bereute aber seine Tat zutiefst und zog sich zur Buße in das von ihm selbst gestiftete Kloster St. Maurice d'Agaune im oberen Rhonetal zurück[138].

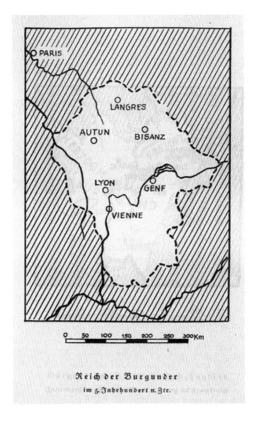

Abb. 33: Karte des Königreiches Burgund zur Zeit Sigismunds[139]

---

133 s. Binding 1868, S. 303
134 Sigismond 1666, S. 43, 49
135 Todesdatum ist nicht überliefert; Bauch 2006, S. 74 nimmt den Zeitraum 518/520 an
136 Binding 1868, S. 246 und 304
137 vgl. Gregor v. Tours, Buch III, Kptl. 5
138 Bauch 2006, S. 69-77
139 aus Baethgen 1942, S. 8

Daraufhin brach unter den Burgunden ein Aufstand aus[140]. Innerburgundische Spannungen und macht- bzw. religionspolitische Gründe – die Burgunden waren mehrheitlich Arianer – veranlassten schließlich das Eingreifen der Franken und der Ostgoten. Es kam zu einer Schlacht bei Véseronce, in der Sigismundus unterlag. Sigismund ließ seine Haare scheren (Königssymbol), legte Mönchskleidung an, und versteckte sich in einem Ort des Hochgebirges über St. Maurice d'Agaune, namens Veressalis (wahrscheinlich das heutige Dorf Vérossaz)[141]. Jedoch verrieten ihn die eigenen Leute und lieferten ihn den Franken aus. Diese brachten ihn mit seiner Frau und den beiden Kindern in das Dorf Péravy-la-Colombe nahe Orléans, wo sie ihm den Prozess machten. Dort wurden er und seine ganze Familie auf Anordnung des fränkischen Königs Chlodomer am 1.Mai 524 enthauptet und in einen Brunnen gestürzt. Die Tötungsart hatte rechtssymbolische Bedeutung als besonders grausame Bestrafung des Verwandtenmörders[142]. Ein Abt veranlasste im Jahre 527 die Überführung seiner Gebeine in das Kloster St. Maurice d'Agaune. Der Tatort „Sancti Sigismundi puteus" entwickelte sich bald zur Wallfahrt, da man dem Wasser eine wundertätige Kraft gegen Fieberleiden zuschrieb. Der durch Reue, Buße und gewaltsamen Tod gemarterte und geläuterte Sigismund ist der erste germanische König, der als Heiliger verehrt wurde und wird.

Abb. 34 (Foto): Der Brunnen (hier der Verschlussdeckel mit Aufschrift), in welchen Sigismundus mit seiner Familie geworfen wurde, befindet sich heute in der Pfarrkirche der Gemeinde St. Sigismond bei Saint-Péravy-la-Colombe bei Orleans[143]

---

140 Derichsweiler 1863, S. 91, jedoch umstritten, vgl. Binding 1868, S. 247, Fußn. 851
141 Jahn 1874, S. 302 f.;In der Dorfkirche von Verossaz ist Sigismund in einem Kirchenfenster abgebildet.
142 Kaiser 2004, S. 69
143 Kaiser 2004, a.O.

Abb. 35: Sigismunds Legende ist in Freising in einem Bilderzyklus dargestellt[144]
(Diözesanmuseum Freising, Foto: Wolf C. von der Mülbe)

Die Politik Sigismunds war hauptsächlich gekennzeichnet durch eine Forcierung des Katholizismus. Gleich nach seinem Amtsantritt berief er ein Konzil (in Epao) im September des Jahres 517 ein[145], in welchem der Arianismus geächtet wurde (?). Außenpolitisch suchte er sich an Byzanz anzulehnen, wie einige Briefe des Avitus bzw. Sigismunds an den oströmischen Kaiser beweisen[146]. Mit dieser Politik geriet er in Konflikte sowohl mit den Ostgoten als auch mit den Franken. Innenpolitisch führte er das Gesetzeswerk der lex Burgundionum weiter, welches sein Vater herausgegeben hatte. Er brachte einige Änderungen und Ergänzungen ein, die sich genau nachweisen lassen (z.B. die Verordnung über Findelkinder)[147]. Das Gesetz trägt in der Aufschrift seinen Namen[148], und ist auch in mehreren Handschriften unter seinem Namen überliefert.

---

144 Bauch 2006, S. 76; Diözesanmuseum Freising 1984, S. 107
145 Jahn 1874, S. 144
146 vgl. Binding 1868, S. 241 ff., S. 292 ff.
147 vgl. Beyerle 1936; Bluhme 1857; Verordnung Extravag. C (20) über Findelkinder, in Beyerle S. 133
148 Beyerle a.O., S. 3

Sigismunds Krone und der altburgundische Autonomismus

Im Nibelungenlied (Str. 714) wird Siegmunds Krone nicht nur heraldisch als Wappen, sondern auch als dingliches Herrschaftssymbol erwähnt (Str. 714: *Siegmund übergab seinem Sohn die Krone* [...]). Grundsätzlich ist die Krone bzw. das Diadem (corona und diadema sind von der symbolischen Bedeutung her identisch[149]), ein staatliches Herrschaftssymbol, das unabhängig von den jeweiligen Herrschern existiert und eine eigene Geschichte hat. Zur Klärung der Bedeutung des Wappens ist es deswegen sinnvoll, dem Schicksal der Krone Sigismunds in der weiteren Geschichte nachzugehen.

Die Frage, ob Sigismund bereits bei seiner Krönung in Genf eine Krone trug oder sie erst mit Beginn seiner Alleinherrschaft im Jahre 515 aufsetzte, ist nicht mehr eindeutig zu klären, da die Quellen darüber nichts aussagen. Es ist jedoch wahrscheinlich, dass er eine Krone bzw. ein Diadem trug, da der oströmische Kaiser Anastasius ihm wie auch seinem Onkel Chlodwig den Titel eines „Patricius" verliehen hatte[150]. Sigismund führte darum den Titel eines rex et patricius. Chlodwig war der erste germanische Herrscher, der ein Diadem trug[151], das er sich interessanterweise selbst aufs Haupt setzte. Fraglich ist deshalb, ob das Diadem ein Würdezeichen des Patrizius-Titels war, oder ob es ein germanisches Emblem des Königs war[152]. Angesichts seiner innenpolitischen Forcierung des Katholizismus und seiner Anbiederungversuche gegenüber Anastasius, die in zwei Briefen überliefert sind, dürfte die Verleihung oder auch nur Bestätigung eines germanischen[153] Diadems durch Ostrom für Siegmund sehr wahrscheinlich sein. Dieses Diadem ist Siegmunds Krone.

Nach dem Tode Sigismunds wurde sein Bruder Godomar König, der das Reich jedoch nicht mehr zu halten vermochte. Im Jahre 534 überrannten es die Franken. Burgund erstand unter fränkischer Oberherrschaft erst wieder im Jahre 561 unter Gunthramn, einem der 4 Söhne Chlothars I. Seine Bemühungen, das Frankenreich zu einigen, waren nicht erfolgreich. Es gelang ihm jedoch, das Teilreich Burgund, d.h. Sigismunds Reich als selbständiges Staatswesen zu erhalten[154]. Ob er ein Diadem (Sigismunds Krone?) trug, ist wahrscheinlich, aber nicht überliefert.

Über den Verbleib des Diadems Sigismunds schweigen die Quellen. Vielleicht ist dieses Diadem identisch mit der sogenannten „corona ducalis", welche Karl der Kahle dem Herzog Boso im Jahre 877 aufsetzte und befahl, ihn König zu nennen (s. Regino-Chronik[155]). Mit dieser Krönung übertrug er ihm die Macht in der Provence und in Bur-

---

149 vgl. Brühl 1982, S. 18 und Fußn. 93
150 Gregor von Tours Lib II, 38; Binding 1868, S. 241, Fußn. 832
151 vgl. Schramm 1955, S. 137 f
152 vgl. Sickel 1892, S. 136 f.
153 vgl. Brühl 1982, S. 20; Delbrück 1949, S. 76
154 vgl. Chaume 1925, S. 6
155 s. Regino-Chronik 1966, S. 253; Seemann 1911, S. 22, 24

gund[156]. Auffällig ist, dass Regino mit der corona ducalis den Nimbus der Königswürde verbindet[157], obwohl Boso zu diesem Zeitpunkt nur Herzog war. Daraus kann gefolgert werden, dass die Symbolkraft dieses Diadems die Herzogswürde überstieg.

Mit seiner Wahl zum König in Mantaille im Jahre 879[158] und seiner Krönung in Lyon[159] gründete Boso das 2. burgundische Königreich. Die ihm verliehene Krone ist aus einer Nachzeichnung von Peiresc bekannt, da Boso sie auf das Büstenreliquiar des hl. Mauritius in Vienne stiftete[160]. Zur Legitimation seiner Krone knüpfte Boso an das 1. Königreich der Burgunder an und verstand sich ausdrücklich als „rex de Burgundia"[161]. Ein Beleg für diese Auffassung ist gerade darin zu sehen, dass die Krone der karolingischen Kaiser in ihrem Aussehen sich davon grundsätzlich unterscheidet[162], Boso sich also nicht in der Tradition der Karolinger sieht. Der Titel „rex burgundionum" ist in St. Maurice d'Agaune, Ursprung und Zentrum des altburgundischen Autonomismus[163], belegt.

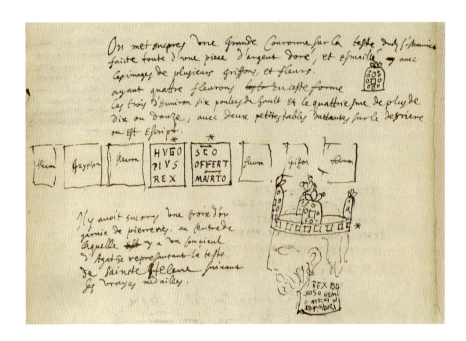

Abb. 36: Krone, gezeichnet von Peiresc[164] © BNF

---

156 vgl. Seemann 1911, S. 30
157 Seemann 1911, a.O.; Boehm 1961, S. 40 f.
158 Seemann 1911, S. 72 und Fußn. 203, 84 f.
159 Seemann, a.O., S. 88
160 Fillitz 1993, S. 324; Poupardin 1901, S. 368; Mütherich 1953, S. 33 ff.; Boehm 1961, S. 30
161 Schramm 1968, S. 264; Brunner 1973, S. 247
162 Fillitz 1993, S. 325; Boehm 1961, S. 30
163 Wolfram 1973, S. 149 f.
164 bei Fillitz 1993, S. 319; Mütherich 1953, S. 46

Mit der burgundischen Krone krönte sich Rudolf I. im Jahre 888 in St. Maurice d'Agaune selbst, indem er sie vom Altar der dortigen Abteikirche aufhob[165]. Seine Selbstkrönung wurde später in Toul durch den dortigen Erzbischof bestätigt[166]. Der Name Sigismunds ist dabei als Gründer der Abtei St. Maurice, aber auch als wichtigster Repräsentant des 1. Königreiches Burgund, des regnum Burgundionum präsent.

Denkbar ist, dass Rudolf II. beim Hinzugewinn von Niederburgund bzw. der Vereinigung von Hoch- und Niederburgund im Jahre 930 sowie der Namensänderung des Reiches in Arelat[167] eine neue Krone machen ließ.

Alle Repräsentanten des zweiten Königreiches von Burgund, das ab dem Jahre 888 bis 1034 bestand, bis zu Rudolf III. führten u.a. auch den Titel eines 'rex Burgundionum'[168]. In der Reihe der reges Burgundionum gilt Sigismund als der wichtigste, da er als weltlicher König und zugleich Martyrer eine doppelte d.h. eine weltliche und eine religiös-himmlische Patronage beansprucht. Er ist neben Mauritius[169] *Patron Burgunds*. In dieser Funktion wird er zuweilen zitiert, so z.B. von Mennel (1518), der über Adelheid, der Frau Ottos des Großen[170] sagt, sie sei dem Sankt Kaiser Karl dem Großen und *Sankt Sigmund von Burgund wie Habsburg mit naher Sippschaft verwandt* gewesen[171]. In gleicher Bezugsetzung wird *Siegmund von Burgund als Repräsentant von Burgund* auf dem Wiener Neustädter Altar unter die französischen Verwandten der Habsburger eingereiht[172]. 'Siegmunds Krone' symbolisiert somit in *gerafter Redewendung* das eigenständige, souveräne Königreich Burgund bzw. das Königreich der Burgundionen. Mit diesem Selbstverständnis trugen alle Nachfolger Rudolfs I. bis zu Rudolf III. die burgundische Krone.

Nach dem Tod Rudolfs III. im Jahre 1032 erbte der deutsche Kaiser Konrad II. das Reich der Burgunder und deren Reichsinsignien[173]. Die weitere Vererbung stellte Konrad dadurch sicher, dass er seinen Sohn Heinrich auf dem Hoftag in Solothurn zum „rex Burgundionum" erheben ließ[174]. Es spricht einiges dafür, dass Konrad die burgundische Krone zur Reichskrone umarbeiten ließ. Diese - allerdings umstrittene[175] - These[176] ist eine von mehreren Theorien über die Herkunft der Reichskrone, deren Geltung in der gegenwärtigen archäologischen Forschung geprüft wird[177]. Im Lichte dieser Hypothese

---

165   Quelle: Regino v. Prüm ad a. 888; Brackmann 1937, S. 7 f.; Dümmler 1888, S. 319; Jahn 1874, S. 482; Schieffer 1977, S. 6; Wurstemberger 1862, Bd. II, S. 7, § 8 und § 9
166   Dümmler 1888, S. 319 f.; vgl. kritisch Wurstemberger 1862, Bd. II, S. 7, § 9
167   Jahn 1874, S. 484
168   vgl. Poupardin 1907, S. 183, Belege s. Fußn. 1; Schramm 1968, S. 275
169   Brackmann 1937, S. 23 ff.;Zufferey 1986, S. 49
170   fälschlicherweise von Mennel als Schwester König Peters von Ungarn eingeordnet
171   cod. 3075, Fol. 163 r; s.a. die Darstellung von Sigismunds Biographie in Cod. 3077, fol. 133v-137r
172   Kovács 1992, S. 100
173   Blümcke 1954, S. 57 ff.; Jahn 1874, S. 486
174   Schramm 1968, S. 277
175   Haupt 1939, S. 21
176   Weixlgärtner 1938, S. 31
177   vgl. Schulze-Dörlamm 1991, S. 23 f.

ergibt es einen plausiblen Sinn, wenn Sigismund mit der Reichskrone in Zusammenhang gebracht wird. Dass der heilige Sigismund mit den Reichsinsignien und damit auch mit der Reichskrone in Verbindung steht, zeigt seine mittelalterliche Ikonographie[178]. So gesehen ist es nicht unwahrscheinlich, wenn die Reichskrone im Sprachgebrauch des 11. Jh. vorübergehend als „Sigismunds Krone" bezeichnet wurde.

Abb. 37: Mosaik „Das jüngste Gericht" an der Fassade des Prager Veitsdoms; Sigismund ist der mittlere der drei Betenden links von der Mitte unter dem Christus-Bild

---

178 Braunfels 1990. S. 349–352; vgl. Hofmann; Künstle 1926, S. 533–535; Réau 1959, S. 1214 ff.

1 2 3

Abb. 38: Sigismund-Darstellungen: 1 Altar (1625) im Dom zu Freising,
2 Gipsabguss (19. Jh.) der Statue auf der Karlsbrücke in Prag,
3 Mühlhausener Altar (1385) in der Staatsgalerie Stuttgart

Eine andere Spur bietet der Chronist Radulfus de Diceto, der vermerkte, dass bei der Krönung Friedrich Babarossas in Arles im Jahre 1178 auch seine Gemahlin Beatrix am 8. Sept. dieses Jahres in Vienne mit dem 'diadema burgundiae' gekrönt worden sei und in der Folgezeit eine selbständige Herrschaft in Nordburgund ausgeübt habe[179]. Der Chronist bringt das Diadem deutlich mit Sigismunds Krone in Verbindung, da er Sigismundus als Gründer des agaunensischen Klosters und als rex und martyr preist, und hervorhebt, dass er Burgund viele Jahre glücklich regiert habe[180]. Für diese zeitnahe Quelle (verfasst um ca. 1181) ist Sigismund offenkundig eine Symbolfigur, die für das 1. burgundionische Reich steht. Vermutlich entstand zu diesem Zeitpunkt auch Siegmunds Wappen 'Blaue Krone auf goldenem Feld'.

Die Spur Sigismunds zieht sich sozusagen wie ein roter Faden durch die Geschichte des burgundischen Königtums. Seine Symbolkraft als 'rex et martyr' sowie als „rex burgundionum" ist dabei nicht nur Legitimationsgrundlage der burgundischen Könige, sondern auch Zeichen eines Teils des burgundischen Adels, welcher für die Wahrung oder Wiederherstellung der Unabhängigkeit Burgunds von der fränkischen Oberherrschaft kämpfte. Die autonomistischen Bestrebungen dieser Adelsfraktion, die im pagus

---

179 Fried 1983, S. 351
180 Radulfi de Diceto Ymagines Historiarum, (datiert auf das Jahr 1181), in: Stubbs 1876, S. 427; MGH, Scriptores XXVII, S. 271

Ultraioranus und den Zentren des Sigismundreiches Genf und St. Maurice d'Agaune[181] sowie im altburgundischen Kernland um Lyon verankert war[182], machten sich zuerst bemerkbar bei der Nachfolge des umgekommenen Childebert II. im Jahre 596. Als Nachfolger wurde zunächst sein ältester (11jähriger) Sohn Theudebert II., der bereits seit 589 im Teilreich Austrasien herrschte, zum Gesamtherrscher in Austroburgund proklamiert[183]. Aus der Tatsache, dass kurze Zeit später Theuderich II. (8jährig) zum König von Burgund erhoben wurde, lässt sich folgern, dass die beiden Reiche vermutlich auf Druck des burgundischen Adels mit Billigung der Königin Brunichildis staatsrechtlich getrennt worden sind[184]. Als autonomistische Aktion ist auch die Verschwörung des Hausmeiers Warnachar gegen die Königin Brunichildis zu werten, dessen Machenschaften in Kooperation mit dem neustrischen König Chothar II. im Jahre 612 schließlich zur Entmachtung, Verurteilung und Hinrichtung der alten Herrscherin führten[185]. Zwei weitere antifränkische Aufstände wurden von den burgundischen patricii Aletheus und Willibad angeführt, den höchsten regionalen Amtsträgern in Burgund. Die Verschwörung des Aletheus im Jahre 614 richtete sich gegen Chlothar II., dem der Plan jedoch hinterbracht wurde. Aletheus wurde abgeurteilt und hingerichtet[186]. Willebad wandte sich im Jahre 642 gegen den designierten fränkischen Hausmeier Flachoald mit Heeresmacht, unterlag aber in einer Schlacht vor den Toren Autuns und kam ums Leben[187]. Er lebt unter der Bezeichnung 'rex et martyr' fort[188].

Autonomistische Interessen schwingen auch bei den späteren innerburgundischen und antifränkischen Kämpfen mit, wenngleich hier andere Interessen in den Vordergrund traten[189]. Unter den Karolingern gab es mehrere Landesteilungen, welche auch Burgund betrafen, die aber nicht von langer Dauer waren. Nach dem Zerfall des Karolingerreiches und mit der Gründung des 2. Burgunderreiches durch Boso (879) und ab 888 unter den Rudolfingern gelangte Burgund als Hoch- und Niederburgund und schließlich Gesamtburgund unter Rudolf II. im Jahre 926 zu neuer Unabhängigkeit. In Überschätzung seiner militärischen Möglichkeiten versuchte Rudolf I. anfangs sogar, seinem Reich Hochburgund die nördlichen Teile des karolingischen Mittelreiches, d.h. das Elsaß, das heutige Lothringen und die Niederlande mit Köln und Xanten einzuverleiben. Seine zweite Krönung in Toul (888) sollte diesen Anspruch symbolisch dokumentieren. Sein Ziel war offenbar, das Mittelreich als ganzes *für die burgundische, d.h. für Sigismunds Krone* zu vereinnahmen[190].

---

181 Kaiser 2004, S. 194 f
182 Ewig 1976, S.206
183 Weidemann 1982, S. 492 f.
184 Weidemann 1982, S. 493
185 vgl. Fredegar IV, 41 und Fußn. 12; Kaiser 2004, S. 193; Boehm 1944, S. 36
186 Kaiser 2004, S. 195; Boehm 1944, S. 37
187 Ewig 1976, S. 205 f.; Kaiser 2004, S. 197 f.; Boehm 1944, S. 38
188 vgl. Wolfram 1967, S. 52
189 Ewig 1976, S. 211; Kaiser 2004, S. 198
190 Der burgundische Anspruch auf eine Wiedererrichtung des Mittelreiches bezog sich auch auf dessen südöstliche Gebietsteile, nämlich Italien. Rudolf II. konnte im Jahre 921 diesen Anspruch vorübergehend realisieren, da er zum König von Italien erhoben wurde. Er scheiterte jedoch am

Abb. 39: Karte des Mittelreiches Lothars I. nach dem Vertrag von Verdun (843)

Sein Feldzug scheiterte jedoch an dem energischen Widerstand Arnulfs von Kärnten, dem damaligen ostfränkischen König[191]. Es ist zu vermuten, dass Rudolfs Gebietsansprüche nach einer Ausweitung Burgunds auf die nördlichen Gebiete Lothringiens, also die Niederlande, zu welchen auch Xanten gehörte, bei seinen Nachfolgern fortbestand[192]. Der burgundische Anspruch auf die Niederlande hat durch den o.g. frankoburgundischen König Theuderich II. eine geschichtliche Grundlage, auf welche vermutlich Siegmunds virtuelles niederländisches Königreich von Xanten im Nibelungenlied Bezug nimmt (s.u.). Dieser jüngere Sohn Childeberts II. erhielt bei seinem Regierungsantritt im Jahre 596 zusätzlich zu dem burgundischen Reich Gunthramns drei austrasische Gebiete zugesprochen, nämlich das moselländische Saintois (Gebiet um Toul), das Elsaß und den Thurgau (Zürichgau). Da sein Bruder Theudebert II. auf diese Gebiete nicht verzichten wollte, kam es zum Krieg, in welchem die Burgunder im Jahre 612 in der Schlacht bei Toul obsiegten. Der austrasische König Theudebert II. kam dabei mit seiner ganzen Familie ums Leben. Durch diesen Sieg geriet Austrasien für einige Monate (bis

---

    Widerstand des italienischen Adels und gab daraufhin im Jahre 926 in Worms die Heilige Lanze, die ihm als Königssymbol in Italien überreicht worden war, an Heinrich I. ab. Im Jahre 933 verzichtete Rudolf auf seine Ansprüche in Italen und erhielt im Gegenzug das Königreich Niederburgund.

191 vgl. Boehm 1943, S. 62; Mayer 1965, S. 59 f.; Schramm 1968, S. 274

192 Der burgundische Anspruch auf eine Wiederherstellung des karolingerzeitlichen Mittelreiches steht noch bei Karl dem Kühnen (1433–1477) hinter seiner expansionistischen Politik (Heinig 2004, S. 59)

zum Tod Theuderichs II) unter burgundische Herrschaft[193]. Die Benennung Xantens als Residenz kann wegen der Namensähnlichkeit als Hinweis sowohl auf das moselländische Saintois (das auch als Xaintois geschrieben wird)[194] als auch auf das Kloster Xanten und der Bezüge beider Gebiete zu St. Maurice d'Agaune (religiöses Zentrum des regnum burgundiae)[195] bezogen werden.

Nach dem Tode Rudolfs III. im Jahre 1032 fiel Burgund als ganzes durch Erbschaft an das Deutsche Reich bzw. an Kaiser Konrad II. Unter Kaiser Konrad II. blieb das Lehen unbesetzt. Erst Heinrich IV. belehnte gegen 1060 Rudolf von Rheinfelden mit Burgund[196]. Das Amt eines burgundischen Statthalters wurde mit dem Zerwürfnis zwischen Rudolf und Heinrich IV. gegen 1079 wieder aufgehoben und blieb dann vakant bis zum Regierungsantritt Lothars III. von Supplinburg (1125). Obwohl Lehnsherr konnte der deutsche Kaiser seinen Herrschaftsanspruch gegenüber dem burgundischen Adel aber nie richtig durchsetzen[197]. Im Dezember 1127 übertrug Kaiser Lothar III. von Supplinburg auf einem Reichstag in Speyer Burgund dem Herzog Konrad von Zähringen als Lehen[198]. Gleichzeitig (1130[199]) wurde Burgund staatsrechtlich zu einem „Rectorat", d.h. einem Fast-Königreich aufgewertet, ein Konstrukt, welches in der Geschichte des deutschen Verfassungsrechts einzigartig ist[200]. Die Zähringer nannten sich seitdem rectores (rector = altrömischer Titel des obersten Beamten von Burgund in merowingischer Zeit[201])[202] obwohl sie sich beim burgundischen Adel nicht auf Dauer durchsetzen konnten[203]. Diese Zeitspanne spiegelt sich teilweise in der 4. Av. des Nibelungenliedes, im Sachsenkrieg. Der aus Sachsen stammende Lothar von Supplinburg ist der schwache König Liudeger[204], der respektvoll Siegfrieds bzw. Sigismunds Wappen nennt und daraufhin die Waffen streckt (Str. 215/216). Hierin zeigt sich deutlich die Zugehörigkeit Siegfrieds zur autonomistischen Szene in Burgund. Der Bezug Siegfrieds zur Eigenstaatlichkeit Burgunds wird auch bei seinem Tod deutlich, da das Zerbersten seines Schildes (s. Str. 985) heraldisch die Zerstörung seines Wappens impliziert und damit das Ende des autonomistischen Anspruchs Burgunds symbolisiert.

---

193 Ewig 1997, S. 50 f.
194 In diesem Gebiet sollen sich die Nachfahren der alten burgundischen Königsfamilie niedergelassen haben (vgl. Boehm 1944, S. 35; Chaume 1925, S. 9, Anm. 1)
195 Im Xaintois, Gegend südlich von Toul, finden sich einige Kirchen, die St. Maurice geweiht sind (vgl. Wagner, A. (2007, ohne Seitenangabe): La diffusion du culte de Maurice en Lorraine (diocèses de Toul, Metz et Verdun), Table ronde 1er et 2 juin 2007: Besancon: Autour de saint Maurice: Politique, société et construction identitaire.
196 Kallmann 1889, S. 82
197 Kallmann 1889, a.O.
198 Heinemann 1986, S. 60
199 vgl. Kallmann 1889, S. 85
200 Kallmann 1889, S. 85, 87, Fußn. 3
201 Hüffer 1873, S. 16
202 Heinemann 1986, S. 68
203 Giesebrecht 1930, S. 245; Bernhardi 1879, S. 135 f.; Hüffer 1873, S. 21
204 vgl. Heusler 1955, S. 80

Die uneindeutige Machtkonstellation in Burgund konnten auch die Staufer nicht endgültig regeln. Friedrich Barbarossa ließ sich im Jahre 1178 in Arles und seine Gattin Beatrix von Burgund in Vienne zum König bzw. zur Königin von Burgund krönen. Die Zähringer wurden für den Verlust ihrer Machtstellung vertraglich entschädigt[205] und behielten das Lehen bis zum Tode des Herzogs Bertold V. im Jahre 1218. Beatrix agierte bis zu ihrem Tod 1184 weitgehend selbständig in Burgund. In der Folge verlagerten Heinrich VI. und Friedrich II. ihre politischen Aktivitäten hauptsächlich nach Italien bzw. Sizilien, was naturgemäß zu einem Machtvakuum in Burgund führte[206]. Mit dem stillschweigenden Einverständnis der Reichsregierung gelangte Burgund so allmählich in die Interessensphäre des westfränkischen bzw. französischen Adels. Die formale Verbindung zwischen Burgund und dem Reich hielt bis zur Regierungszeit Karls IV., der sich als letzter Kaiser im Jahre 1364 zum König von Burgund krönen ließ[207].

König Siegmund von Xanten und die staufische Erbreichsidee

Mit dem Ende der Selbständigkeit Burgunds im Jahre 1032 ging der ursprüngliche autonomistische Bezug der Symbolfigur Sigismund allmählich verloren. Stattdessen entwickelte sich Sigismund zu einer religiösen Kultfigur und zum Patron des heiligen römischen Reiches deutscher Nation. Der heilige Siegmund verkörpert als Kirchenpatron und als Patron der Fürstenspiegel[208] das zeitbezogene Ideal eines Landesherrn und Vaters, vermutlich, weil er im Existenzkampf Burgunds eine Gesinnung bewies, die vom Einfluss des gallorömischen Episkopats und von politischer Loyalität gegenüber dem oströmischen Kaiser geprägt war. Dies mag wohl einer der Gründe sein, die zur Aufnahme seines Namens als Vater Siegfrieds in das Nibelungenlied führten[209]. Nach Anfängen bereits im 6. Jh. erlebte der Kult Sigismunds im Zuge der Annäherung von Burgund an das deutsche Reich vor allem im 10. und dann wieder im 14. Jh. einen Boom. Mit der Translatio seiner Reliquien nach Prag im Jahre 1365 gab Karl IV. dazu einen Anstoß[210], der sich letztlich bis nach Polen und Ungarn auswirkte. In vielen bedeutenden Kirchen des ehemaligen Reichsgebietes, der heutigen Schweiz und Oberitaliens, Polens, Tschechiens und Ungarns ist Sigismund Patron und wird bis heute gefeiert[211]. Seit dem 15. Jh ist er einer der beiden Schutzpatrone des Doms von Freising[212]. Dort ist auch seine Legende in einer Bildfolge dargestellt, gestaltet nach dem Bericht bei Gregor von Tours (s. Abb. 32).

---

205 Heinemann 1986, S. 64
206 Resmini 1980, S. 13
207 Jahn 1874 II, S. 493
208 vgl. Boehm 1971, S. 67; Folz 1958, S. 337 ff.; Schramm 1954, S. 950
209 Boehm 1971, S. 68
210 Jahn 1874, S. 321
211 s. Heiligenlexikon [...]; Clauss 1936, S. 117 ff.).
212 Boehm 1971, S. 66

Sigismund-Gebet (Tagesgebet am Fest des hl. Sigismund, 2. Mai, in Freising):

Heiliger Gott, du hast den König
Sigismund dazu erwählt,
sein Volk zum rechten Glauben zu führen;
du hast seine Buße für begangenes
Unrecht gnädig angenommen.

Auf seine Fürsprache gib auch uns
die Gnade, das Böse zu besiegen
und bei dir Erbarmen zu finden.
Darum bitten wir durch Jesus Christus.

Ikonographisch hält der hl. Sigismund die Reichsinsignien Krone, Szepter und Reichsapfel[213].

Abb. 40 (Foto): Der hl. Sigismund, Fresco in der Dreifaltigkeitskirche in Konstanz

---

213 Braunfels 1990, S. 350; Künstle 1926, S. 533 ff.; Kreuzer 1913, S. 23

Abb. 41: Sigismund-Figur im Münster Freiburg/Breisgau

Die staatstragende Bedeutung Sigismunds kommt auch durch seine Darstellung auf dem Gertrudisaltar im sogenannten Welfenschatz zum Ausdruck. Hier steht er links neben Konstantin dem Großen in unmittelbarer Naehe zum Heiligen Kreuz[214].

Der (heilige) Siegmund des Nibelungenliedes steht in krassem Gegensatz zu der teilweise grauenhaften Biographie des Königs Sigismund von Burgund. Siegmund von Xanten residiert in einem vorbildlichen mittelalterlichen Königshof, der durch keinerlei Adelsränke gestört ist. Er lebt mit seiner Frau Sieglinde in einer durch und durch harmonischen Beziehung. Ihr gemeinsamer Sohn Siegfried entwickelt sich ganz nach den Gepflogenheiten der höfischen Sozialisation bis zur sogenannten Schwertleite, dem mittelalterlichen Initiationsritus zum vollmündigen höfischen Ritter. Hierzu gehört auch der Aufbruch aus dem Elternhaus, um sich eine Braut zu suchen. Die Ausrüstung des Sohnes mit allem Notwendigen für die große Reise, die Auswahl der begleitenden Ritter, seine Bewaffnung und schließlich die guten Ratschläge der besorgten Eltern – alles entspricht ganz und gar dem mittelalterlichen Hofidyll (2. Av.).

---

214   vgl. Falke 1930, S. 106; Peter 2001, S.27; Eikelmann 2007, S. 116

Abb. 42: Gertrudisaltar im Welfenschatz

An diesen Hof kehrt Siegfried mit seiner frisch angeheirateten Frau Kriemhild zurück. Sie leben dort in glücklicher Harmonie. Siegfried und Kriemhild haben Teil an den Regierungsgeschäften. Schließlich macht Siegmund seinen Sohn aus freien Stücken zum Mitregenten. Im zehnten Jahr gebärt ihm Kriemhild einen Sohn (Str. 715), den die Eltern zu Ehren des burgundischen Onkels Gunther nennen (Str. 716). Ungefähr zeitgleich kommt auch Brunhilde mit einem Sohn nieder, der ebenfalls nach seinem Onkel den Namen Siegfried bekam (Str. 718). König Siegfried lässt sich in seinem Handeln von gerechter Strenge leiten (Str. 714).

Siegmund begleitet das Königspaar auf der Reise nach Worms (Str. 781), wohin Gunther sie eingeladen hat. Als es darum geht, ob er seinen Sohn auf den vorgespiegelten Kriegszug gegen Liudegast und Liudeger (Str. 877–884) begleiten solle, lehnt Siegfried ab (Str. 889). Nach der Rücknahme der getürkten Kriegserklärung (Str. 908) entschloss man sich, auf die Jagd zu gehen (Str. 911). Eine Teilnahme Siegmunds stand dabei nicht mehr zur Debatte. Nach Siegfrieds Tod bespricht er mit Kriemhild die Frage der Schuld und der Rache an dem Täter. Siegmund und sein Gefolge wollen zunächst blindwütig Rache nehmen. Kriemhild bittet Siegmund, im Hinblick auf die militärische Stärke der Burgunden von Rache abzusehen (Str. 1030–1035). Siegmund entspricht ihrer Bitte und überlässt Kriemhild den Vollzug der Rache. Er schlägt Kriemhild vor, mit ihm gemeinsam nach Xanten zurückzukehren (Str. 1073). Sie bedenkt sich und lehnt ab (Str. 1088). Darauf kehrt er in sein Land Xanten zurück (Str. 1095).

Offenkundig verkörpert Siegmund von Xanten als Herrscher höfische Ideale, wie Milte, Treue, Höfescheit, Gerechtigkeit. Der Xantener Hof und die Königsfamilie entsprechen den gesellschaftspolitischen Idealen des 12. Jh. Siegmund ist ein idealer Vater und Herrscher, dessen Handeln von Güte und weiser Voraussicht geleitet ist.

Für das Mittelalter ungewöhnlich ist Siegmunds Handlungsweise bezüglich der Rachepflicht. Nach altem Rechtsverständnis muss der Mord gesühnt werden, wobei die Sühne mit Rache gleichgesetzt wird. Die Rache entspricht einem bis ins Mittelalter gängigen Rechtsgrundsatz, nach dem der Totschlag durch das Blut des Mörders oder eines seiner Verwandten gesühnt werden muss und die Vergeltung den Betroffenen und ihren Familien oblag[215]. Die Blutrache war eine Pflicht, die im Mittelalter nicht selten zu langjährigen Fehden zwischen ganzen Familienverbänden und zu Kriegen zwischen ganzen Völkern führte[216]. Allerdings musste sie unverzüglich und durch ein männliches Mitglied der betroffenen Familie erfolgen, d.h. im Nibelungenlied durch den Vater Siegfrieds. Im Rachedenken liegt offenkundig ein zeitgeschichtlicher Bezug des Nibelungenliedes[217]. Die Tatsache, dass eine Frau einen strategischen und äußerst blutigen Racheakt durchführt, muss höfischer Gesinnung in der Weltsicht des mittelalterlichen Publikums höchst zuwider gewesen sein, da das Rachedenken zum Klischee des Männlich-Heroischen dazugehört[218]. Andererseits ist für die Zeit verbürgt, dass die Obrigkeit und die Kirche im Zuge der Umsetzung des Ordo-Gedankens und den damit verbundenen christlichen Wertvorstellungen nachhaltig versuchten, dem Fehdewesen und seinen Auswüchsen zu begegnen[219]. Vor diesem Hintergrund der Spannung zwischen dem Fehdewesen einerseits und der Bemühung um unblutige Sühne von Rechtsverletzungen andererseits ist das Nibelungenlied entstanden[220]. Der durch sein Martyrium geheiligte Sigismund symbolisiert als Kultfigur die politische Kritik an der Rache als gewalttätige Selbsthilfe. Daran knüpft der Dichter des NL an, indem er Siegmund – d.h. den durch Reue, Buße und gewaltsamen Tod von seinem furchtbaren Sohnesmord geläuterten Sigismund – paradigmatisch auf Rache verzichten und Kriemhild, d.h. eine Frau die Rache vollziehen lässt, die sie zu einem längeren und äußerst grausamen Unternehmen macht[221]. Seine Kritik an der Rache als Mittel der Konfliktlösung bringt er besonders in der Wendung der Rache Kriemhilds gegen ihren Lieblingsbruder Giselher zum Ausdruck (s. Str. 2101-2102)[222]. Der Verzicht Siegmunds auf Rache ist im Sinne des Dichters vernünftig. Er entspricht ganz und gar der mustergültigen Rolle, die er dem Hof und der Person Siegmunds zuschreibt und läuft auf eine Fundamentalkritik am Fehderecht des Adels hinaus.

---

215 Schulze 1997, S. 235
216 Schmidt-Wiegand 1982, S. 380; Schulze 1997, S. 236
217 Schmidt-Wiegand 1982, S. 380 ff.
218 Schmidt-Wiegand 1982, S. 381
219 Schmidt-Wiegand 1982, S. 382; Schulze 1997, S.236
220 Schulze 1997, S. 236
221 Schulze 1997, S. 237
222 Brandt 1997, S. 186

Es liegt nahe, in Siegmund, der Identifikationsfigur der mittelalterlichen Staatsidee, einen der Paten des sogenannten „Erbreichsplans" Heinrichs VI. zu sehen, der auf dem Reichstag in Würzburg im März 1196 zur Verhandlung kam[223]. Danach ist Siegmunds Königreich von Xanten in der 2. Aventiure eine dichterische Konkretisierung dieses Planes, deren realgeschichtliche Grundlage der *Anspruch* der burgundischen Könige auf das nördlich von Burgund gelegene Mittelreich bzw. eben die Niederlande ist, der mit der Erbschaft Burgund ebenfalls an das Deutsche Reich überging. Siegmund und Sieglinde stehen für Kaiser Friedrich Barbarossa und seine Frau Beatrix, auch König und Königin von Burgund. Siegfried steht für ihren Sohn Heinrich VI., den designierten ersten Herrscher im geplanten Erbreich. Durch seine Substitution legitimiert Siegmund als himmlischer Patron die Erbmonarchie als gottgewollt und garantiert erbrechtlich die Kontinuität des Amtes unabhängig von den dieses bekleidenden Personen[224]. Auf den Bezug zu Siegfried weist auch Heinrichs Mainzer Schwertleite von 1184[225], welche vermutlich das Vorbild von Siegfrieds Schwertleite im NL (Str. 27-40) ist, und der Nibelungenhort, dessen Beschreibung im Nibelungenlied hinsichtlich Umfang und Transport dem Bericht über den Transport des Schatzes der normannischen Könige ähnelt, den Heinrich VI. in Palermo erbeutet hatte und auf den Trifels bringen ließ (s. dazu unten). Auf eine kurze Formel gebracht, ging es Heinrich darum, das Deutsche Reich in eine Erbmonarchie umzuwandeln. Um hierzu die Zustimmung der Fürsten zu bekommen, hatte ihnen Heinrich die Anerkennung der Erblichkeit ihrer Lehen angeboten, sofern sie im Gegenzug der Einrichtung einer Erbmonarchie zustimmen würden. Dass das Handlungsgeschehen im Nibelungenlied auch auf der kaiserlichen Ebene spielt, erhellt die Passage „elliu disiu riche" (s. Str. 815). Das ist eine in der epischen Dichtung geläufige Formel der Umschreibung kaiserlicher Herrschaft[226]. Kriemhild spricht diese Formel am Beginn der 'senna' bzw. des Streites der Königinnen und verbindet damit ihre Auffassung, dass Siegfried Herr über andere Reiche und Könige sein solle[227]. Die Formel wirkt wie eine Begründung des Augustus-Titels, den Heinrich VI. seit 1183 führte[228] und/oder des Titels 'Caesar', den Friedrich Barbarossa seinem Sohn Heinrich in Reaktion auf die abgelehnte Kaiserkrönung nach der Hochzeit mit Konstanze 1186 in Mailand verlieh[229]. Beide Titel stehen im Zusammenhang mit Barbarossas Erbreichsidee[230].

Die Verbindung der Erbreichsidee mit der Symbolfigur Siegmund belegt auch Siegfrieds Wappen. Der Tod Siegfrieds bzw. die Zerstörung seines Schildes (s. Str. 985) und

---

223 Perels 1927, S. 3
224 vgl. Kantorowicz 1957, S. 136; s.a. Schmidt 1987, S. 216 ff.; Wolf 1975, S. 371 ff.
225 Czendes 2003, S. 37; Keszycka 1923, S. 80 f.
226 vgl. Thomas 1990 a, S. 346 f.; 1990 b, S. 124
227 Thomas 1990 a, S. 347
228 Csendes 1993, S. 62, Fußn. 17, s.a. ders. 1981, S. 133
229 vgl. Ehlers 2003, S. 259; Jericke 2008, S. 27; Csendes 1993, S. 61 f.
230 s. Wolf 1975, S. 367 ff.; Schmidt 1987, S. 206 ff.

damit seines Wappens symbolisiert das Scheitern des Plans. In der Realität scheiterte der Plan an der Kurie und einem Teil des Adels. Heinrich VI. zog ihn daraufhin zurück[231].

Erst Maximilian I., der mit Maria von Burgund verheiratet war, hat im Rahmen seines Genealogie-Projektes den staufischen Erbreichsplan wieder aufgenommen. Wie bereits erwähnt projektierte er zeitweise (1510) ein Erbkönigreich Österreich- Burgund bzw. Austroburgund, dem er den Namen 'Austrasien' zugedacht hatte. Den Namen 'Austrasien' wählte er deshalb, weil es dem Namen 'Austria' ähnelt und das burgundische Nationalgefühl nicht allzu sehr zu verletzen schien[232]. Die Anknüpfung an die Erbreichsidee Heinrichs VI. belegt das austrasische Wappen, welches im Ehrenspiegel von Fugger/Birken aufgeführt ist. Fugger/Birken erklären nämlich die blaue Krone, die der habsburgische Löwe auf dem Kopf trägt, als das Wappen der austrasischen Könige und damit Sigiberts I.[233]. Somit wäre die blaue Krone für zwei Königreiche zuständig, für das Königreich Burgund und für das Königreich Austrasien. Der Widerspruch klärt sich auf, wenn man unter 'Austrasien' hier nicht nur das Gebiet Sigiberts I. versteht, sondern Maximilians Austrasien-Projekt, welches eine Verschmelzung der beiden Königreiche vorsah. Das Königreich Burgund bzw. Sigismunds Krone fungierte dabei als geschichtliche Grundlage für den Anspruch auf den Status eines Erbkönigtums.

---

231 Perels 1927, S. 100
232 Walther 1909, S. 93
233 Fugger/Birken 1658, S. 26

III. Siegfried und das austrasische Königtum

Siegfrieds Schildwappen und das Wappen Austrasiens

Nachdem hinreichend klar ist, dass König Siegmund von Xanten identisch ist mit dem burgundischen König Sigismund, scheint die Benennung der historischen Referenzperson Siegfrieds einfach, nämlich Sigerich, der Sohn Sigismunds. Diese Definition greift aber aus mehreren Gründen zu kurz. Außer der Sohneseigenschaft und dem Erbanspruch gegenüber der burgundischen Krone seines Vaters ist über Sigerich nichts bekannt, was mit dem Heldencharisma Siegfrieds in Übereinstimmung zu bringen wäre. Sigerich war zeitlebens am Hofe seines Vaters in Lyon bzw. Vienne zugange. Mit Xanten, mit dem Nibelungenland oder gar mit Worms hat er nichts zu tun. Im Nibelungenlied stellt Hagen Siegfried bei seiner Ankunft in Worms als „Sohn eines mächtigen Königs" vor, dessen Name merkwürdig unbestimmt bleibt. Zwar liegt es nahe, Siegmund als Siegfrieds Vater anzunehmen, zumal Siegmund als solcher im Nibelungenlied eingeführt ist; das ist aber nicht zwingend. Es könnte auch ein anderer König als Vater Siegfrieds in Frage kommen, der mehr als Siegmund mit Siegfrieds Hortgewinn und Drachenkampf zu tun hat. Zur Prüfung dieser Frage ist der Bezug der Siegfriedfigur zu dem bereits mehrfach erwähnten Königreich Austrasien bzw. zu der Dynastie der austrasischen Könige zu untersuchen.

Siegfrieds bzw. Siegmunds Schildwappen entspricht im Ehrenspiegel von Fugger/Birken dem Wappen des Königreichs Austrasien[234], das eine goldene Krone auf rotem Schildfeld beinhaltet. Dort wird es auch in einem Zweifelderwappen in der heraldisch rechten Hälfte dem König Sigibert von Austrasien und seiner Frau Brunichildis zugeordnet[235]. So heißt es im Fuggerschen Ehrenspiegel: „Dieser Sigebertus, so zu Metz hofhielte, war der erste, der sich König von Austrasien, Ostland, Ostreich oder Ostfrankenreich schriebe, weil sich sein Antheil gegen Osten herauf bis Pannonien erstreckte, daher nachmals der äußersten Grenze dieses Königreiches, dem Ostlande, der Name Austrasia oder Osterreich geblieben." „Weil auch eben dieser Sigebertus [...] der Habsburgische Urstammvater genennet worden: so wäre billich, dass, nach abgang der Herzogen Babenbergischen Stammes dieses neue Austrasien zu seinem alten Herrn oder das alte Ostland zu dem geblüte der ersten Austrasischen Könige wiederkehret"[236]. Auch scheint sich der Begriff „Austria" von „Austrasien" herzuleiten: „[...] und nachdem er [der Name Austrasia; K.M.] drunten am Rhein verloschen/an der Donau mit ruhm wiederum erglaste"[237].

Die Rückführung von Siegfrieds Schildwappen als das Wappen des Königreichs Austrasien und auf Sigibert I. impliziert, dass Sigibert als König eine Krone trug. Das ist nicht selbstverständlich, weil die Krone in merowingischer Zeit nicht als Hauptsymbol

---

234 vgl. Fugger/Birken 1658, S. 14; vgl. Seyler 1889, S.140
235 Fugger/Birken 1658, S. 22
236 vgl. Fugger/Birken 1658, S. 156 sowie S. 12 und 14
237 Fugger/Birken 1658, S. 156; s.a. Lhotsky 1970, S. 235

des Königtums galt. Das wichtigste Zeichen königlicher Würde war die Haartracht[238]. Die Sitte, zum Zeichen der Herrscherwürde ein Diadem bzw. eine Krone zu tragen, ist zuerst bei Constantin I. belegt, an dem sich die germanisch-christlichen Herrscher 6. Jh. orientierten[239]. Eine Durchsicht der Quellen ergibt, dass neben anderen insignia und attributa einige fränkischen bzw. austrasischen Könige auch eine Krone trugen. Ein Diadem trug nachweislich Chlodowech, das er sich anlässlich der Verleihung der Würde eines consuls bzw. patricius durch den Kaiser Anastasius in Byzanz interessanterweise selbst aufsetzte[240]. Chlodowech beherrschte das ganze Frankenreich seit 498-511. Nach der 1. Erbteilung des Reiches im Jahre 511 herrschte im Teilreich Austrasien Chlodowechs Sohn Theuderich I. (511-534), dann dessen Sohn Theudebert I. (534-548) und schließlich dessen Sohn Theudebald (548-555). Austrasien fiel dann an Chlothar I., der von 558-561 das wieder vereinte Reich regierte. Nach seinem Tod kam es zur 2. fränkischen Erbteilung. Seitdem herrschte im Teilreich Austrasien Sigibert I. (561-575) und nach seiner Ermordung sein Sohn Childebert II., zunächst als minderjähriger König (575- 585), dann volljährig (585-593) und als König von Austrasien in Personalunion mit dem Königreich Burgund (593-596). Wie eine Münze beweist trug außer Chlodowech auch Theudebert I. (534-548) eine Krone. In seiner Vita des heiligen Medardus deutet Venantius Fortunatus in der Wendung „servato culmine regii deadematis"[241], an, dass auch Sigibert I. ein Diadem trug. Die Geschichte des Herrscherwechsels in Austrasien zeigt, dass es einen definitiven Erbanspruch auf die Krone nicht durchgehend gab, die Königserhebung vielmehr *auch* von aktuellen Machtfaktoren abhängig war[242]. Sigibert I. sicherte sich die Königserhebung durch Vorschlag und Durchsetzung einer gerechten bzw. von den anderen akzeptierten Teilungsformel (divisio legitima)[243]. Childebert II. wurde vom austrasischen Adel unter Führung Gundowalds als Kind zum König erhoben[244]. Auf diesen Vorgang scheint eine Passage in der Nibelungenklage (Str. 3996-4016)[245] anzuspielen. Insgesamt gesehen lässt sich folgern, dass die austrasischen Könige ein Diadem trugen, das jedoch eher als Verdienstkrone, und nicht als Erbkrone betrachtet wurde.

Der heraldische Bezug des Kronenwappens zu Burgund bzw. zu Sigismunds Krone bleibt bei Fugger/Birken vordergründig unbeachtet, obwohl die Autoren die genealogischen Arbeiten um Kaiser Maximilian I., insbesondere Mennels „Gepurtsspiegel" (1518),

---

238   vgl. Dahn 1985, S. 483 ff.
239   vgl. Déer 1957, S. 433; Hadwich 1952, S. 12; Kolb 2001, S. 76, 78
240   Ausbüttel 2007, S. 129; Ensslin 1936, S. 507; Ewig 1997, S. 79; Gregor v. Tours, Lib. II, Kptl. 38; Hauck 1967, S. 72; Runde 2003, S. 85; Zöllner 1970, S. 69
241   Quelle: Venantius Fortunatus, Vita sancti Medardi, MGH, AA, 4, 2 S. 73; Hoops 1981, S.368; Schneider 1972, S. 212
242   vgl. Schneider 1972, S. 256
243   Gregor v. Tours IV, 22; Kasten 1997, S. 15
244   vgl. Offergeld 2001, S. 201
245   Lienert 2000, S. 299

und die Schriften von Wolfgang Lazius gekannt haben[246]. Auch ist nicht auszuschließen, dass das austrasische Wappen in Fugger/Birken auf den Einfluss des Nibelungenliedes zurückzuführen ist. Diese Annahme stützt sich auf den Sachverhalt, dass der Wiener Historiker W. Lazius in seinem Werk „Commentariorum Reipublicae Romanae" (Basel 1551), also noch im 16. Jh., Teile des Nibelungenlieds als Belegmaterial, sozusagen als Geschichtsquelle verwendet hat[247]. Interessant ist jedenfalls, dass Fugger/Birken die Wappenkrone Austrasiens verbal mit der blauen Krone des habsburgischen Wappenlöwen identifizieren[248], wodurch sie ihrer eigenen heraldischen Veranschaulichung des austrasischen Wappens (goldene Krone auf Rot) widersprechen und - vermutlich, ohne es zu wollen - die blaue Krone der burgundionischen Königsdynastie indirekt mit Austrasien in Verbindung bringen (s.dazu oben). Da das blaue Kronenwappen 'Burgends' schon ca. 150 Jahre vor der Veröffentlichung Fugger/Birkens in Maximilians Triumphzug und Ehrenpforte (s.o.) publiziert wurde, ist zu vermuten, dass sie die blaue Krone von dort übernommen und auf Austrasien umgewidmet haben. Die Übernahme der dynastischen Wappenkrone Burgunds für Austrasien visualisiert neben einem Herrschaftsanspruch Burgunds in Austrasien vor allem den Anspruch auf ein Erbkönigtum. Wie bereits oben dargelegt repräsentiert das Wappen den Anspruch der burgundischen Rudolfinger (seit 888) auf den nördlichen Teil des Mittelreiches und/oder das Austrasien-Projekt Maximilians I.

Abb. 43: Wappen Austrasiens aus: Fugger/Birken (1658, S. 14 und 22)

In diesem Fall lässt sich folgern, dass das austrasische Wappen mit dem dynastischen Wappen der burgundischen Könige in Verbindung steht, als deren Erben sich die Habsburger betrachtet haben. Das bedeutet aber, dass der habsburgische Löwe eigentlich

---

246   s. Fugger/Birken 1658, S. 9
247   Hoffmann 1992, S. 1; Jaspers 1983, S. 62, 66 f.
248   Fugger/Birken 1658, S. 26

nicht die austrasische Krone trägt, wie Fugger/Birken meinen[249], sondern die blaue Krone der burgundionischen Könige.

Dass die Habsburger aus dem Königsgeschlecht der Merowinger stammen, war eine Grundüberzeugung der Habsburger selbst und der in ihrem Umkreis tätigen Historiker[250], die inzwischen jedoch als widerlegt gilt. Die entsprechenden Forschungen aus dem Umkreis Kaiser Maximilians I. werden heute als Ansippungsversuche eingestuft[251]. Maximilian I. nutzte die genealogische Argumentation, zu welcher freilich auch die Konstruktion und Führung von Anspruchswappen gehörte[252], dazu, Europa mit dynastischen Verknüpfungen zu überspannen, wobei es natürlich auch darum ging, gegenüber dem dynastisch-hegemonialen Anspruch des französischen Königshauses Stellung zu beziehen[253]. Die Deutung von Siegfrieds Kronenwappen als Symbol der burgundisch-austrasischen Vereinigung fügt sich in diesen Rahmen plausibel ein.

Unabhängig von der Frage der realgeschichtlichen Richtigkeit dieser genealogischen Theorien unterstreicht die Heraushebung Sigiberts als Stammvater bzw. Spitzenahn[254] der Habsburger die Bedeutung dieses Frankenkönigs für die mittelalterliche Welt bis ins 17. Jh.

Sigibert I. von Austrasien als eine geschichtliche Bezugsfigur Siegfrieds

Im Nibelungenlied sucht man einen direkten Hinweis auf Sigibert vergeblich. Gleichwohl hat die Vermutung, dass der ostfränkische bzw. austrasische König Sigibert I. (561–575) die historische Vorlage der Siegfriedsfigur ist, in der Germanistik eine lange Tradition. Zuerst haben sich Göttling (1814, 1816)[255] und Mone (1818), später Giesebrecht (1837)[256] entsprechend geäußert[257]. Einen systematischen Versuch, das Nibelungenlied sozusagen 1 : 1 auf die Merowingerzeit zu beziehen, hat der dänische Germanist Gudmund Schütte (1935) unternommen. In den 1950er Jahren hat der Germanist Hugo Kuhn die Vermutung wieder aufgenommen. Kern der Hypothese ist, dass der erste Teil des Nibelungenliedes auf einen langjährigen Adelskonflikt in der Frühzeit der merowingischen Epoche, genauer auf die **Zeit der zweiten fränkischen Erbteilung** nach Chlothars I. Tod im

---

249 Fugger/Birken 1658, S. 26
250 vgl. Laschitzer 1888, S. 31
251 vgl. Althoff 1986, S. 423 f.; ders. 1988, S. 74 f.; Mertens 1988, S. 136; Mertens 1986, S. 160
252 Hye 1994, S. 285
253 Melville 1987, S. 264 f.
254 vgl. Kellner 2004, S. 39 und 44
255 Göttling 1814, S. 22 f., 32 bzw. 1816, S. 70
256 Giesebrecht 1837, S. 205 ff.
257 Schneider 1928, S. 186 f.

Jahre 561²⁵⁸ zurückgeht²⁵⁹. Inzwischen hat diese Hypothese in der Forschung ihren Vorrang vor allen anderen geschichtlichen Anknüpfungen der Siegfriedfigur behauptet²⁶⁰.

Die Nachwirkung Sigiberts lässt sich angemessen mit seinem Nimbus als erster bedeutender König des Ostfrankenreiches umschreiben. Er dehnte die Grenzen seines Reiches bis weit nach Osten in Gebiete aus, die später zum Kerngebiet des Deutschen Reiches wurden. Im Westen setzte er sich gegen seinen Bruder Chilperich so erfolgreich durch, dass vor seiner Ermordung eine Annektierung Neustriens in Greifweite war. Mit seiner Heirat der westgotischen Prinzessin Brunichildis leistete er einen wichtigen Beitrag zur Aufwertung der merowingischen Könige gegenüber dem oströmischen Kaiser und gegenüber den anderen germanischen Königreichen. Dieses Ansehen, für dessen Verbreitung hauptsächlich sein berühmter Hofdichter Venantius Fortunatus sorgte, ist es wohl, welches ihn attraktiv machte für die Heldenepik.

Abb. 44: Karte von Austrasien zur Zeit Sigiberts I.²⁶¹

---

258 vgl. Ewig 1953
259 Kuhn 1953, S. 11 ff.
260 Hoffmann 1979, S. 120
261 Murray 2000, S. 672

Neben der Namensähnlichkeit (s.u. Sigi-Namen) gibt es einige Indizien, welche die Verwobenheit Sigiberts I. mit der Siegfriedsfigur belegen:

Indiz Nr. 1: Ein zweiter Achilles: Sigibert I. genießt als König des fränkischen Ostreiches, das sich unter seiner Regentschaft auch durch militärische Erfolge gegen die Sachsen, Thüringer und Awaren weit nach Osten hin vergrößerte, in der Nachwelt einen legendären Ruf, der ihn als Hauptfigur eines Heldenepos geradezu prädestiniert. Seinen positiven Ruf und sein Heldencharisma begründete vor allem der zeitgenössische Dichter Venantius Fortunatus, der zeitweise an seinem Hof lebte und dort u.a. panegyrische Gedichte schrieb. Die Werke des Dichters sind besonders in karolingischer Zeit auch und gerade in kirchlichen Kreisen des Frankenreiches sehr verbreitet gewesen. Das Kirchenlied „Veni Creator Spiritus" stammt aus seiner Feder und wird noch heute gesungen. Die Reputation des Dichters Venantius Fortunatus, die bis heute anhält, gründet vor allem auf seiner Verwendung klassisch-römischer Sprachfiguren, die er hauptsächlich von Vergils Aeneis übernommen hat[262], und auf seinen später verfassten religiösen und hagiographischen Werken[263]. Insgesamt gilt er als der letzte Dichter der lateinisch-klassischen Antike[264].

Venantius Fortunatus rühmt König Sigibert in einem panegyrischen Gedicht (aus dem Jahre 566), das dem Herrscherpaar Sigibert und seiner Ehefrau Brunichildis gewidmet ist, als Inbegriff ritterlicher Tugend und Schönheit[265] und nennt ihn *einen zweiten Achilles*. Wie in jedem klassischen Hochzeitsgedicht (Epithalamus) erscheinen die beiden unumgänglichen Personen Venus und Amor (bzw. Cupido) mit ihrem Gepäck von Pfeilen, Fackeln und Rosen. Amor schießt König Sigibert einen Pfeil gerad ins Herz und läuft zu seiner Mutter Venus, ihr diesen großen Sieg zu berichten.

> *„Mutter", sagte er, „mein Krieg ist beendet, in seiner glühenden Brust wurd' besiegt ein zweiter Achill: Sigibert hat Feuer gefasst, hat sich verliebt in Brunhilde!"*[266].

Für den Vergleich Sigiberts mit Siegfried ist die Anknüpfung an den Achilles-Mythos besonders interessant, da darin wichtige Attribute der Siegfrieds-Figur vorkommen, so die Verbindung von Stärke, Unverwundbarkeit, Verwundbarkeit an einer Stelle (Achillesferse) (s. NL, Str. 902/903) und Achilles' Tötung durch den Speerwurf des Paris. Dieses Gedicht dürfte wohl eine der „alten maeren" sein, die der Dichter in der 1. Strophe als seine Quellen benennt[267].

---

262 vgl. Zwierlein 1926
263 vgl. Berschin 1986, S. 287
264 Zwierlein 1926, S. 59
265 vgl. Boehm 1971, S. 54/55
266 übers.v. Wareman 1988, S. 41
267 s.a. Baesecke 1940, S. 127; Göttling 1814, S. 28; Szövérffy 1970, S. 266

Indiz Nr. 2: Ehe mit Brunichildis: Im Auftrag Sigiberts führte sein Gefolgsmann Gogo die Brautwerbung um Brunichildis am Hof des westgotischen Königs Athanagild aus[268]. Sie ist vermutlich die historische Vorlage der Werbung Gunters um Brünhild im Nibelungenlied. Obwohl darüber in den Quellen nichts verlautet, ist anzunehmen, dass Gogo eine sog. *Handschuhehe* geschlossen hat. Diese Form der Eheschließung unter Abwesenden – matrimonium per nuntium – erfreute sich beim Adel großer Beliebtheit, weil dadurch rechtliche Risiken der oft weiten und beschwerlichen Reise der Braut zu ihrem Bräutigam klein gehalten werden konnten[269]. Dass die Fernehe zur Zeit der Verschriftlichung des Nibelungenliedes ein Diskussionsobjekt war, erhellt ein Decretale des Papstes Innozenz III. aus dem Jahre 1206[270], in welchem das zuvor geltende „matrimonium per nuntium" durch das „matrimonium per procuratorem" ersetzt und kirchenrechtlich anerkannt wurde. Über eine solche Eheschließung durch einen Stellvertreter berichten Fugger/Birken[271] aus Anlass der Vermählung Kaiser Maximilians I. mit Maria von Burgund: „Herz. Ludwig aus Bayern liesse ihm als seinem Stellverweser im namen Erzh. Maximilians die Prinzessin an die hand trauen und hielte nach *Fürstlichem gebrauch* mit ihr das Beylager. Er war am rechten Fuss und Arm mit leichtem Harnisch angethan, und zwischen sie beyde ward ein langes blosses Schwerd geleget. Die Herzogin Margaretha samt der frauen von Halwin stunden auf einer und die Rähte auf der andern seite: Und ward diese Trauung den 26 April [1477; K.M.] um Mitternacht verrichtet".

Bei der Werbung Gunthers um Brünhild hatte Siegfried offenbar den Status eines procurators, d.h. eines Stellvertreters. So jedenfalls kann sein Auftritt in der Tarnkappe gedeutet werden, da er seine eigene Identität verbirgt und in der Gestalt bzw. Kleidung König Gunthers Brünhild gegenübertritt. Siegfrieds Auftritt ist für die Position Gunthers als König ausgesprochen nachteilig, da er sich in einem aus mittelalterlicher Sicht ohnehin schon lächerlichen Wettstreit mit einer Frau im Umgang mit Waffen auch noch vertreten lässt.

Der historische König Sigibert heiratete im Jahre 565 nach aufsehenerregender Werbung die westgotische Prinzessin Brunichildis (Namensähnlichkeit mit der Brünhilde des NL). Über die Verbindung zwischen Sigibert und Brunichildis berichtet der Chronist Gregor von Tours (IV, 27):

„Als König Sigibert sah, daß seine Brüder Frauen wählten, die ihrer nicht würdig waren, und sich so weit erniedrigten, selbst Dienerinnen zur Ehe zu nehmen, da schickte er eine Gesandtschaft nach Spanien und warb mit reichen Geschenken um Brunichildis, die Tochter König Athanagilds. Denn diese war eine Jungfrau von feiner Bildung, schön von Angesicht, züchtig und wohlgefällig in ihrem Benehmen, klugen Geistes und anmutig im Gespräch. Der Vater aber versagte sie ihm nicht

---

268 Gregor v. Tours IV, 27; Fredegar III, 57
269 Deuchler 1942, S. 21
270 Deuchler 1942, S. 22; Hierold 1968, S.350; Merzbacher 1968, S.457, 459 ff.; Plöchl 1955, S. 269 f.;
271 Fugger/Birken 1658, S. 855

und schickte sie mit großen Schätzen dem König. Da versammelte er die Großen seines Reiches, ließ ein Gelage zurichten, und unter unendlichem Jubel und großen Lustbarkeiten nahm er sie zu seinem Gemahl."

Venantius Fortunatus besingt diese Hochzeit in seinem o.g. Hochzeitsgedicht „de nuptiis Sigiberti regis, Brunichildis reginae", welches hier wegen der Charakterisierung der Persönlichkeiten Sigibert und Brunichildis auszugsweise präsentiert wird[272]:

Mutter Venus und Sohn Amor fliegen durch die Luft nach der Stadt Metz, treten in den Palast und schmücken die Brautkammer mit Blumen. Hier kommt es unter ihnen zum Streit über das Verdienst der beiden Gatten; Amor ist für Sigibert, aber Venus gibt Brunhilden den Vorzug:

Zunächst die Rede Amors:

Hier ist jener, den wir dir sandten,
Siegbert, vom Volke geliebt, als ein Licht seinen Eltern geboren,
der nach den Ahnen in langer Reihe der Könige Stamm hält,
er wird auch Könige zeugen, die Hoffnung gesegneten Volkes.
Hier erwuchs ein herrliches Kind, ein fürstlicher Spross, ein
Besserer kam von diesem Stamm, den Ruhm der Alten
hegt der erhabne Sohn, den Namen der Väter verbreitet
er mit kämpfender Hand. Vom Vater hat er die Kraft auch,
die Burgund bezeugt, das besiegte Thüringen gleichfalls:
er errang einen einzigen Sieg über beide Völker.
Liebe opfert dem Theudebert ihre Gunst vergebens
der schickte zwei zurück, statt der beiden schafft er es alleine.
Er der Herrscher der westlichen Welt in der Blüte der Jugend,
überwand in Würde die alten Jahr' wie die jungen,
konnte mit Taten das Gesetz der Natur überschreiten.
Gilt's auch nicht viel, so zähmt doch keinen sein jugendlich Alter.
Wer Gefühle durch Reife meistert, hat größeren Adel;
jeder, der in Bedrängnis war, der wird auch bedächt'ger.
So hütet dieser die Völker jetzt, wo die Jahre gekommen,
sei er Vater und König, heb' alle empor, drücke niemand.
Kein Tag kommt ohne Frucht. Wenn er nichts Richtiges leistet,
glaubt er schon viel zu verderben, wenn er nicht manches gewährt auch.
Freude verbreitet sein Antlitz in strahlendem Lichte und keine

---

272 Das Fehlen der Anrufung des christlichen Segens erklärt sich aus Rücksichtnahme auf die beim Vortrag des Gedichtes anwesenden „arianischen" und damit als unchristlich geltenden Westgoten (vgl. Koebner 1973, S. 25 f.)

Wolken bedrücken die Leute bei diesem heiteren König.
Er verzeiht mit reifem Herzen bittere Schulden;
dort, wo andere sündigen, siegt er durch seine Nachsicht;
hat er doch Bildung. Tüchtigkeit ist des Fürsten erste
Tugend. Weil immer besitzt, wer sparen kann, verbessert,
ehe er andere bittet, etwas zu ändern, er selber.
Wer sich selbst Gesetz ist, zügelt mit Recht die andern.
Was man auch immer vom König erbittet, er hält es in Ehren.
Er allein liebt all', er allein wird geliebt von allen.
(übersetzt von Wareman 1988, S. 41/43)

Die Beschreibung der Venus:

Jungfrau, die ich bewundere und die ihr Gemahl anbeten wird,
Brunhilde, strahlender, blendender als die himmlische Leuchte,
das Feuer des Geschmeides weicht dem Licht deines Antlitzes,
du bist eine andere Venus und deine Mitgift die Herrschaft der Schönheit.
Unter den Nereiden, die auf den Meeren Hiberiens an den Quellen
des Ozeans schwimmen, darf sich keine deinesgleichen nennen;
keine Napäa ist schöner, und die Flussnymphen verneigen sich vor dir.
Milchweiss und glühendes Rot sind deine Farben; Lilien mit Rosen,
goldgestickter Purpur wagen sich nicht an sie und lassen den Wettstreit.
Saphir, Diamant, Kristall, Smaragd und Jaspis sind überwunden;
Spanien hat eine neue Perle an das Licht gebracht
(übersetzt von C.F. Meyer in Thierry 1840 bzw. 1972, S.36 f.)
[...]
Jeder wünsche nur das, was dem anderen ebenfalls lieb ist,
Beiden sei gleiches Glück beschieden, bewahr ihre Herzen
Eine Liebe erblüh, bleib fest in ihnen am Leben!
Unter Eurem Schirm ersprieße allen nur Freude,
Frieden liebe die Welt, es siege und herrsche die Eintracht!
So sollt als Eltern Ihr auch den Kindern die Hochzeit bereiten
Und von der Kinder Schar sollt Enkelkinder Ihr haben!

Die Ehe zwischen Sigibert und Brunichildis bestand bis zu Sigiberts Ermordung im Jahre 575, also 10 Jahre. Sie schimmert im Nibelungenlied an einigen Stellen durch. So dauert die Ehe zwischen Siegfried und Kriemhild im Nibelungenlied in Xanten (s. Str. 715), wo Siegfried nach der Abdankung seines Vaters Siegmund (Str. 713) als König herrschte, ebenfalls 10 Jahre. Eine andere Stelle ist die Ankunft Siegfrieds auf der Burg Brünhildes in Island (Str 393, 411, 419), wo ersichtlich wird, dass sich beide aus einer vorangegangenen Beziehung kennen. Die Schilderung der jungen Brunichildis lässt sich leicht der jungen Kriemhild zuordnen.

Die Königin Brunichildis ist eine der wichtigsten historischen Vorlagen des Nibelungen-Epos. Sie steht für die junge Ehefrau Kriemhild bis zu Siegfrieds Ermordung, danach für die unerbittliche Rachepolitik der Witwe Siegfrieds. Wegen ihres martialischen, amazonenhaften Auftretens, welches Gregor v. Tours bezeugt, ist Brunichildis auch die historische Vorlage Brünhildes im Nibelungenlied. Dort ist Brunhilde bekanntlich mit König Gunther verheiratet. Die Ehe zwischen Brunhilde und Gunther zitiert die realgeschichtliche Bündnispolitik zwischen dem frankoburgundischen König Gunthramn, Bruder Sigiberts, und der austrasischen Königin Brunichildis. Die politisch gemeinte Annäherung zwischen den beiden führte zwar nicht zu einer formellen Eheschließung; sie hatte im Jahre 577 jedoch die Adoption Childeberts II., des Sohnes Sigiberts und der Brunichildis, zur Folge und gipfelte im Jahre 586 im Vertrag von Andelot (weiter dazu s.u. zu Childebert II.). Die Frage, ob und inwieweit sich die realgeschichtliche Gegenspielerin der Königin Brunichildis, Fredegunde, in der Brunhild des Nibelungenliedes spiegelt, ist umstritten[273].

Indiz Nr. 3: Gewaltsamer Tod: Sigibert kommt wie Siegfried gewaltsam ums Leben. Im Mordszenario spielt bei beiden der Schild eine wichtige Rolle. Gregor v. Tours berichtet, dass Sigibert in dem Moment erstochen wurde, als er auf den Schild gehoben und zum König von Neustrien proklamiert wird[274]. Siegfried hatte nur den Schild, um sich zu wehren (Str. 984). Auf seiner Grabplatte ist Sigibert auf einem Drachen stehend abgebildet[275]. Sein Grab befindet sich in St. Médard in Soissons[276].

Das bei Gregor von Tours beschriebene Szenario des Mordes an Sigibert hat einen bedeutsamen rechtlichen Hintergrund. Veranlasst durch die militärischen Erfolge Sigiberts im Konflikt mit Chilperich schlugen sich im Jahre 575 immer mehr adlige Gefolgsleute auf dessen Seite und schworen ihm den Treueeid[277]. Diese Nachricht Gregors ist deshalb von Bedeutung, weil sich zum ersten Mal seit Chlodwig Gefolgsleute eines amtierenden Königs (Chilperich) anschickten, ihren nach geltendem Thronfolgerecht (Erbrecht) rechtmäßig eingesetzten eigenen Herrscher abzusetzen und einen neuen König zu wählen. Andererseits ist mit Sigibert ein Merowinger bereit, sich im Gegensatz zum geltenden Thronfolgerecht per Schilderhebung wählen zu lassen[278]. Der Mord an Sigibert vereitelte zwar den Anschlag auf das merowingische Erbrecht[279], dennoch dürfte dieses Ereignis einen bedeutenden Einfluss auf das mittelalterliche Königswahlrecht gehabt haben, welches durch eine merkwürdige Mischung zwischen Wahl- und Erbprinzip gekennzeichnet ist[280].

---

273 Kuhn 1953, S. 19
274 Gregor v. Tours /Giesebrecht 1911, Buch IV, Kptl 51; Schneider 1972, S. 94
275 Defente 1996, S. 328, Fig. 94
276 Kaiser 1973, S. 248; Krüger 1971, S.31, 130
277 vgl. Meyer 1901, S. 122 f
278 vgl. Hubrich 1889, S. 42/43; Meyer 1901, S. 122; Schneider 1972, S. 94
279 Hubrich 1889, S. 44
280 vgl. Schneider 1972, S. 248 ff.

Abb. 45: Sigibert I. auf einem Drachen, dargestellt auf einer Grabplatte[281] © BNF

Für die Deutung der Siegfriedsfigur ist dieser Vorgang deswegen interessant, weil ein zentrales Motiv im NL die Auseinandersetzung zwischen Wahl- und Erbkönigtum ist[282]. Der Dichter zeigt die Schwächen beider Herrschaftsprinzipen: Siegfried tritt in Burgund als Konkurrent und Herausforderer des Erbkönigs Gunther auf und unterstreicht seinen Anspruch, indem er seine überlegene Körperkraft und heldenhafte Verdienste unter Beweis stellt. In Xanten gilt er zwar als erbberechtigter Königssohn und Thronfolger; sein Vater Siegmund verzichtet jedoch zugunsten des Sohnes auf das Königsamt, er dankt zugunsten eines Würdigeren bzw. Geeigneteren ab und entspricht damit dem Idoneitätsprinzip[283]. In Burgund scheitert Siegfrieds Herrschaftsanspruch, weil er sich der Minne hingibt, die ihn zum Dienstmann werden lässt[284]. Der schwache Erbkönig Gunther, dessen Macht auf der Vasallität gründet, versucht sich die Stärke Siegfrieds als „Dienst-

---

281   Paris, BNF, Manuscrits occidentaux-Picardie 243, Fol. 131; Montfaucon 1729, Tafel XII; Defente 1996, S. 328; Schütte 1935, S. 70
282   vgl. Gottzmann 1987, S. 30, 63, 65; Müller 2002, S. 74, 105 ff.
283   Gottzmann 1987, S. 52
284   Gottzmann 1987, S. 65

mann" zunutze zu machen. Dadurch verstrickt er sich aber in schwer durchschaubare Intrigenspiele und Machtkämpfe, die seine Macht untergraben und Unrecht und Chaos Vorschub leisten[285]. Sein oberster Gefolgsmann Hagen beendet schließlich durch seine Mordtat diese unklaren Herrschaftsstrukturen zugunsten des Erbkönigtums. Siegfrieds Tod, das Zerbrechen seines Schildes (Str. 985) und seine Aufbahrung auf einem „von Gold roten" Schild (Str. 999) demonstriert symbolisch das Scheitern des Idoneitätsprinzips. Die Skizzierung des schwachen Erbkönigs Gunther verdeutlicht eine kritische Haltung des NL-Dichters an der Erbfolge, die nicht den Würdigsten, sondern den Ältesten zum König bestimmt[286]. Realgeschichtlich spiegelt sich hier die alte Auseinandersetzung zwischen Wahl- und Geblütsrecht und insbesondere vermutlich der Versuch des Stauferkaisers Heinrich VI., eine Erbmonarchie einzuführen[287] (s. o.).

Indiz Nr. 4: Kriemhilds Rachestrategie: Schon nach der Ermordung ihrer Schwester Gailswintha im Jahre 573 und insbesondere auf den Tod Sigiberts I. im Jahre 575 hin verwandelte sich seine Witwe Brunichildis allmählich in eine Politikerin, die mit konsequenter Strategie und wechselnden Bündnispartnern über mehrere Jahre hinweg einen Rachefeldzug gegen die Verantwortlichen an den Mordtaten, König Chilperich und dessen Frau Fredegunde führte. Sie erwarb sich damit in der mittelalterlichen Nachwelt den Ruf einer gnadenlosen Rächerin, die ihren ewigen Platz in der Hölle hat. Als Rächerin und Hexe tritt sie in der berühmten Schrift von Boccaccio im 14. Jh. auf[288]. Ihre unerbittliche Rachepolitik spiegelt sich in der Rachestrategie der Witwe Siegfrieds gegenüber Hagen.

Die Etymologie des Namens 'Kriemhild' ist bis heute umstritten[289]. Ein gewisser Sinn ergibt sich im Blick auf die Wortbestandteile „Grim" (= Maske) und „Hild" (= Kampf), in etwa „Kämpferin mit Maske", eine valandinne, d.h. eine Persönlichkeit, bei welcher das Rachebedürfnis zum hauptsächlichen Lebensinhalt wird. Der Namensbestandteil „hild" verweist außerdem auf „ildico", die Frau Attilas, die in einigen Quellen als Rächerin des Untergangs der Burgunden an Attila angesehen wird, nicht aber die Burgunden bekämpft[290]. Ein dritter historischer Bezug könnte auch Chrotechildis meinen, die burgundische Ehefrau Chlodowechs, die gegen das Burgunderreich und deren regierende Familie eine unversöhnliche Rachestrategie verfolgte, weil sie - allerdings zu Unrecht[291] - glaubte, dass ihr Onkel, der Burgunderkönig Gundobad, ihre Eltern umbringen ließ[292].

---

285 vgl. Gottzmann 1987, S. 65
286 Konecny 1977, S. 112
287 vgl. Perels 1927, S. 56 f., S. 80
288 Boccaccio 1360 in: Pleister 1965, S. 156 ff.
289 Hoffmann 1992, S. 45 f.; Reichert 1999, S. 153 f.
290 Bauch 2006, S. 270
291 vgl. Schmidt 1933, S. 148, 162
292 vgl. Bauch 2006, S. 217; Bluhme 1857, S. 51; Jahn 1874, S. 201

Siegfrieds Heldentaten und deren staatssymbolische Deutung

Neben diesem bisher behandelten Schildwappen gibt es noch andere Symbole, welche die Siegfriedfigur kennzeichnen, deren Symbolcharakter jedoch nicht auf den ersten Blick erkennbar ist. Es handelt sich dabei um Siegfrieds Doppelsieg über Nibelung/ Schilbung und Drachensieg, die der Dichter im Nibelungenland bzw. auf der Reise von Xanten nach Worms geschehen lässt. Bei seiner Ankunft in Worms hatte Siegfried 7 Tagesritte hinter sich (Str. 71). Nach dem Geschehensgang im Epos bestand Siegfried in dieser doch begrenzten Zeit den Kampf mit Nibelung und Schilbung sowie mit dem Drachen, gewann einen riesigen Schatz und ein ganzes Königreich. Wenn man bedenkt, dass Siegfried in diesen 7 Tagen eigentlich mit Reiten beschäftigt war, allein schon, um die Wegstrecke hinter sich zu bringen, dann fehlte ihm einfach die Zeit, um diese Abenteuer zu bestehen. Zudem kannte Hagen Siegfrieds Abenteuer offenbar schon, bevor dieser in Worms eintraf. Diese Abenteuer konnten während dieser Reise also nicht stattgefunden haben[293]. In der Forschungsliteratur werden die Abenteuer Siegfrieds deshalb als Fremdkörper betrachtet und darauf hingewiesen, dass sie nachweislich aus Texten einer weit früher gelegenen Erzählschicht stammen. Wenngleich das nicht zu bestreiten ist, so ist dennoch zu erwägen, ob die beiden Erzählungen nicht nur als Geschehensabläufe zu verstehen sind, sondern zudem als Beschreibungen von Symbolen fungieren.

Einige Forscher weisen darauf hin, dass Hagens Erzählung vom Doppelsieg und dem Drachensieg Siegfrieds (Strophen 87-100) merkwürdig kurz und knapp gehalten ist[294]. In historisierender Absicht kommen Vorgänge, Personen, Orte und Gegenstände zur Sprache, die dem Publikum als bekannt vorausgesetzt werden, da der Vorträger sie nicht weiter kommentiert. Der Held wird in panegyrischer Absicht mit positiven Eigenschaften bedacht, die ein heldisches Charisma begründen sollen. Der Erzähler ist offenkundig bemüht, die rhetorische Regel der „Brevitas" einzuhalten. Im Hinblick auf den Anlass der Erzählung, Siegfrieds Identität zu bestimmen, deuten diese Stilmerkmale darauf hin, dass es sich um eine Art Blasonierung handelt, d.h. eine Rede, die ein Herold zur Beschreibung und Erklärung von heraldischen Symbolen bzw. Wappen vorträgt. Eine mustergültige Blasonierung kann es jedoch nicht sein, da ausser der obligatorischen Brevitas-Regel die entsprechenden Vorschriften und Konventionen einer Wappenbeschreibung nicht oder nur andeutungsweise vorkommen[295]. Am ehesten entspricht Hagens Erzählung einer panegyrisch überhöhten Zuschreibung von symbolischen Verdiensten, die der Dichter „historiographisch literarisiert" hat[296]. Hagen ist besonders qualifiziert, Siegfried zu erkennen, da ihm „die Reiche und alle fremden Länder bekannt sind" (Str. 82), womit in mittelalterlicher Sicht in erster Linie heraldisches Wissen gemeint ist. Es würde allerdings nicht weiterführen, Hagen als Herold zu bezeichnen.

---

[293] vgl. Heinzle 2005, S. 113 f., 116
[294] z.B. Heinzle 1998 bzw. 2005, S. 113 f.
[295] vgl. Galbreath & Jéquier 1978, S. 291; Filip 2000, S. 28; Kroll 1986, S.41
[296] Begriff von Kroll 1986, S. 49

Realgeschichtlich ist das Amt eines Herolds erst ab Ende des 13. Jh. belegt, wenngleich es Vorläufer dieser Funktion am Hofe gab[297].

Gewissermaßen als Überschrift beginnt die Geschichte mit der Feststellung eines *Doppelsieges*, nämlich dass Siegfried „die tapferen Nibelungen, Schilbung und Nibelung, Söhne eines mächtigen Königs, mit eigener Hand erschlagen hat" (Str. 87). Hagen erzählt dann im einzelnen (Str. 88-99), wie es zu diesem Doppelsieg kam. Beim Vorbeiritt an einem Berg traf Siegfried allein, d.h. ohne jede Begleitung, auf eine Ansammlung von vielen tapferen Männern, die beim Schatz der Nibelungen standen (Str. 88). Dieser war zuvor aus einer Berghöhle herausgeschafft worden (Str. 89). Er ritt nahe an die Helden heran. Einer von ihnen begrüßte ihn mit den Worten „Hier kommt der starke Siegfried, der Held aus Niederlant" (Str. 90). Schilbung und Nibelung empfingen ihn freundlich (Str. 91). Sie forderten Siegfried auf allgemeinen Beschluss hin auf, den Schatz unter ihnen aufzuteilen (Str. 91). Siegfried wollte zunächst nicht, gab aber ihrem Drängen schließlich nach und willigte ein (Str. 91). Daraufhin zeigten ihm die Könige den ganzen Schatz, der aus so vielen Edelsteinen und Gold bestand, dass mehr als hundert Wagen die Menge nicht fassen konnten (Str. 92). Zum Lohn für seinen Teilungsspruch, sozusagen als Vorschuss, gaben sie ihm das Schwert Nibelungs, ihres Vaters, (Str. 93). Seinen Teilungsvorschlag fanden sie aber ungerecht und sie gerieten in Zorn (Str. 93). Der Streit eskalierte und es kam zum Schwertkampf. Siegfried erschlug mit dem Schwert Balmung 12 tapfere Männer bzw. starke Riesen und weitere 700 Recken aus dem Nibelungenland (Str. 94). Aus Angst unterwarfen sich ihm viele junge Recken und übergaben ihm Land und Burgen (Str. 95). Siegfried tötete auch die beiden mächtigen Könige (Str. 96). Der Zwerg Alberich vermochte es nicht, seine Herren zu rächen und unterlag im Kampf gegen Siegfried (Str. 96/97). Siegfried zwang ihm den Tarnmantel ab und wurde so zum Herrn des Schatzes (Str. 97). Alle, die den Mut zur Gegenwehr aufgebracht hatten, lagen tot am Boden (Str. 98). Siegfried gab schließlich Befehl, den Schatz in die Höhle zurückzubringen (Str. 98). Nachdem Alberich ihm den Treueeid geschworen hatte, bestimmte er Alberich zum Schatzhüter (Str. 99).

Ergänzend zu dieser Geschichte erzählt Hagen, dass Siegfried mit eigener Hand einen Drachen erschlug und in dessen Blut badete, wodurch seine Haut von Horn überzogen wurde. Aus diesem Grunde könne bzw. konnte ihn bisher keine Waffe verletzen (Str. 100 und Str. 899). Kriemhild erzählt weiter, dass der Kampf an jenem Berge stattgefunden hat (Str. 899). Beim Bade sei ihm ein großes Lindenblatt zwischen die Schulterblätter gefallen, weshalb man ihn an dieser Stelle verwunden könne (Str. 902). Schließlich näht sie an dieser Stelle in Absprache mit Hagen ein unauffälliges Kreuzchen auf Siegfrieds Gewand (Str. 904 und 908).

Hagens Erzählung lässt gewisse Parallelen zu einem Bericht Gregors v. Tours erkennen, welcher von der Annektierung des Stammesgebietes der ripuarischen Franken

---

297 vgl. Bebermeyer 1958, S. 651; Hempel 1960, S.188; Paravicini 1999, S.78 ff.; Seyler 1889, S. 25 und 30 ff.

handelt[298]. Es handelt sich um die Geschichte Sigiberts von Köln, der im Jahre 510 auf Betreiben seines Sohnes Chloderich im Walde Buchonia ermordet wurde. Zu der Tat bewog ihn Chlodowech mit dem Hinweis, dass sein Vater alt und krank sei[299]. Sigibert residierte in Köln und kontrollierte das links- und rechtsrheinische Gebiet von der Maas bis in den Raum um Fulda[300]. Der Name Buchonia umfasst die östlich des Mittelrheins gelegenen Waldgebirge, also bei großzügiger Auslegung auch den Odenwald[301], in dem Siegfried umkam. Nach dem Tod seines Vaters bot Chloderich dem Chlodowech an, mit ihm den Kronschatz zu teilen. Chlodowech ging zum Schein auf das Anerbieten ein, ließ Chloderich aber bei der Präsentation seines Schatzes durch seine Abgesandten töten[302]. Nachdem auch Chloderich gestorben war, beteuerte Chlodowech auf der Volksversammlung der ribuarischen Franken seine Unschuld und erhob Vorwürfe gegen Chloderich. Die Teilnehmer der Volksversammlung glaubten ihm und hoben ihn auf den Schild. So wurde er zu ihrem König[303]. Nach der Annektierung durch Chlodwig ist das Gebiet in das Frankenreich eingegliedert und später dem ostfränkischen Teilreich Austrasien zugeschlagen worden. Gregor v. Tours erwähnt ausdrücklich, dass mit dem Land auch dessen Kronschatz auf Chlodowech überging. Es wird vermutet, dass Sigibert v. Köln ein naher Verwandter Chlodowechs gewesen ist, d.h. ein Bruder Childerichs, des Vaters von Chlodowech[304]. In die Geschichte um Sigibert v. Köln spielt auch die Frage nach dem Erbrecht bei der Thronfolge hinein, da Chlodowech sich von der Vollversammlung der Franken auf den Schild heben lässt, also gewählt wird. Es bleibt offen, ob von seiner Seite Erbansprüche bestehen oder er nur gewählt wird, weil er dafür in besonderer Weise geeignet ist[305].

Es spricht einiges dafür, dass das Nibelungenland zunächst mit dem Stammesgebiet der ripuarischen Franken identisch ist und der Name Nibelungen sich später als Bezeichnung aller Franken eingebürgert hatte. Bei der Begriffsbildung „Nibelung" könnten die 'franci nebulones'[306] und die heute belgische Stadt 'Nivelles', Sitz des karolingischen Ahnherrn Pippin und der heiligen Gertrud von Nivelles, karolingische Prinzessin und Äbtissin[307], eine Rolle gespielt haben. Der Name könnte auch mit dem Fluss Neffel bei Zülpich zu tun haben[308]. Die Übertragung der Bezeichnung auf die Burgunden reflektiert vermutlich die Eroberung Burgunds durch die Franken und damit vor allem Gunthramns und Childeberts II. fränkische Herrschaft in Burgund (Franko- und Austroburgund).

---

298   Gregor v. Tours II, 40; s.a. Bauch 2006, S. 211
299   Gregor v. Tours, Buch II, Kptl. 40; Lintzel 1934, S. 28 f.
300   Giesebrecht 1991, Gregor von Tours II, 40, S. 123, Fußnote 1
301   vgl. Holz 1914, S. 77
302   vgl. Gregor v. Tours a.O.
303   vgl. Schneider 1972, S. 70/71
304   vgl. Grahn-Hoek 1976, S. 156; 2003, S. 43, 46; RGA 1981, S. 395
305   Gran-Hoeck 1976, S. 147
306   vgl. Grégoire 1934; Panzer 1955, S. 305; Mone 1818, S. 17; Walthari-Lied, Vers 555
307   Grégoire 1934; Panzer 1955, S. 305; Schütte 1935, S. 19; Wackwitz 1964, S.60
308   Bauch 2006, S. 210

Vermutlich nach Childeberts Tod verlor sich dieser Name als Gesamtbezeichnung der Franken und hielt sich nur noch in einem regionalen Adelsgeschlecht[309]. Ursprünglich steht das Wort „nibelung" etymologisch dem germanischen nebula, nibila (Nebel) und dem altnordischen njol (Nacht), sowie nifl- bzw. niflheim (die dunkle Welt) sehr nahe[310]. Demnach sind die Nibelungen Leute, die in einem nebligen Land wohnen. Dabei scheint allerdings weniger der natürliche Nebel gemeint zu sein. Das Wort 'nebula' könnte auch „Rauch" bedeuten, der bspw. künstlich durch die Verbrennung von Holzkohle bei der Eisenverhüttung in Rennöfen erzeugt wurde. In dieser Spezifizierung ergibt der Name 'Nibelungen' einen Sinn. Er trifft dann auf Leute zu, die mit der Gewinnung und Verarbeitung von Eisenerz zu tun hatten und dabei viel Rauch erzeugten ('Stahlköche'). So könnte die Berghöhle des Nibelungenhorts (Str. 89) als Mine und das Siegfried ausgehändigte Schwert Balmung (Str. 93) als Erzeugnis der in der Nähe befindlichen Schmiede gedeutet werden. Die so definierten Nibelungen sind dann in Gegenden zu finden, in welchen Eisenerz gefördert, durch Rennöfen verhüttet und in Schmieden z.B. zu Waffen verarbeitet wurde. Das Gebiet der ripuarischen Franken oder Sigambrer, das heutige Siegerland, in den lateinischen Texten und Urkunden seit dem 6. Jh. auch mit dem Namen „Austria" belegt[311], erfüllt diese Definitionsmerkmale. Im Siegerland wurde schon seit den ältesten Zeiten Eisen im Rennfeuer-Verfahren mit Holzkohle gewonnen[312] und zu Stahl verschmiedet[313]. Der Stahl des Siegener Landes war im Mittelalter außerordentlich geschätzt[314]. In karolingischer Zeit war Köln der Mittelpunkt einer intensiven Waffenfabrikation, deren Erzeugnisse durch die Kölner Kaufleute weiter vertrieben wurden[315].

Der Gesichtspunkt der 'Raucherzeugung' führt neben der Gewinnung von Eisenerz noch auf eine andere Spur, die für die Erklärung des Namens 'Nibelungen' interessant sein könnte. In der römischen Spätantike 3./4. Jh. war das genannte Gebiet der Sigambrer auch ein Schwerpunkt der Mithras-Religion (Vermaseren 1974, Übersichtskarte). Forschungen haben ergeben, dass bei deren Kulthandlungen Weihrauch verwendet wurde (s.dazu u.).

Die Geschichte von Siegfrieds Kampf mit den Königen Nibelung und Schilbung[316] erzählt den Gewinn oder in moderner Sprache die Annektierung eines Königreiches, nämlich des Nibelungenlandes. Vom Gewinn einer Krone oder einer Krönung Siegfrieds ist jedoch nicht die Rede. Angesichts des Treueeides der Nibelungen gegenüber Siegfried ist dies seltsam, da der Dichter die Krone an anderer Stelle belegbar als ein den anderen

---

309 vgl. Ehrismann 2002, S. 31
310 Ehrismann a.O.; Schaffner 1998, S.65 f.
311 vgl. Kretschmer 1938, S. 209
312 Neumann 1954, S. 12 f., 21 f.
313 Neumann 1954, S. 55
314 Müllner 1914, S. 122, 124 f.,126
315 Müllner a.O., S. 123 f.
316 Im Namen 'Schilbung' steckt vielleicht auch der Name 'Chilp-erich' von Neustrien, mit dem sein Bruder Sigibert I. um die gerechte Aufteilung des Erbes ihres Vaters Chlothar I. (+ 561) stritt (Gregor v. Tours IV, 22).

Machtinsignien übergeordnetes Herrschaftssymbol auffasst. Vermutlich kommt es dem Dichter an dieser Stelle nur darauf an, Siegfrieds *Anspruch* auf die Krone zu begründen. Ein Beleg für diese Auffassung ist Str. 109, wo er Siegfried folgende Worte sagen lässt: „Ich bin auch ein Recke und sollte schon Krone tragen. Mein höchster Wunsch ist es zu erreichen, dass die Leute von mir sagen, ich hätte Land und Herrschaft zu Recht". In diesen Worten tritt die Vorstellung des 'heldischen Herrschers' zutage, wonach ein Herrscher nur dann eine Krone tragen solle, wenn er auch Verdienste erworben z.B. Siege errungen hat, welche ihn für das Amt geeignet erscheinen lassen. Die hier außerdem zum Ausdruck kommende Bedeutung der Krone als Hauptsymbol hat sich erst im Lauf des 12. Jh. durchgesetzt[317].

Hagen erweckt den Eindruck, dass Siegfried den Doppelsieg und den Sieg im Drachenkampf selbst erkämpft hat. Insoweit erwirbt Siegfried Verdienste, die ihn als Helden auszeichnen und für die Übernahme der Königswürde geeignet erscheinen lassen (Idoneität). Für sich genommen handelt es sich bei Siegfrieds Verdiensten jedoch in erster Linie um Titel und Machtinsignien, die als Symbole des Königtums und Kaisertums gelten können:

- Doppelsieg (über Nibelung und Schilbung)
- Hort als Machtsymbol
- Schwert (Balmung)
- Tarnkappe bzw. Tarnmantel
- Treueeid als Huldigung des ganzen Volkes und Landes der Nibelungen
- Sieg im Drachenkampf
- Unverwundbarkeit.

Die so zu bezeichnenden Staatssymbole hat der König nicht in jedem Falle selbst erkämpft, sondern bei Amtsantritt von seinen Vorgängern im Amt übernommen. In der Regel wurden sie ihm mit dem Amt symbolisch (feierlich) verliehen, wobei ihm sein persönliches Zutun aus panegyrischen Gründen zugeschrieben werden konnte. Die panegyrisch-hyperbolische Erzählabsicht geht aus der magischen Überhöhung der Machtsymbole klar hervor: Unerschöpflichkeit des Hortes (Str. 1123) und Weltherrschaft (Str. 1124), überdimensionierte Schlagkraft des Schwertes Balmung, das Siegfried ermöglicht, im Alleingang zwei Könige, zwölf Riesen (Str. 94), 700 Recken und den mit magischen Kräften ausgestatteten Zwerg Alberich zu überwinden. (Str. 97, 493, 494), Unsichtbarkeit und Stärke von 12 Männern durch den Tarnmantel (Str. 337, 482), Unverwundbarkeit durch das Drachenblut (Str. 100, 899). Sie entspricht vermutlich germanischer Erzähltradition und dem mythischen Nimbus der Merowinger als heilige Könige. Die Machtsymbole selbst - insignia et attributa - stammen aus römischer bzw. byzantinischer Tradition[318].

---

317 vgl. Bronisch 1999, S. 37; Hoffmann 1963, S. 72; Hofmeister 1908, S. 4, 5, 32 und 34; Knappe 1974, S. 182 f., 210
318 Deér 1957

Im einzelnen handelt es sich um die folgenden Symbole:

(1) Sigi-Namen: Namen mit der Sigi-Stabung sind Helden- bzw. Herrschernamen[319]. Ihr Ursprung ist wahrscheinlich die bei Tacitus erwähnte Sippe des Segestes[320]. Darüberhinaus findet sich die Sigi-Silbe auch im Namen des germanischen Stammes der Sigambrer, die ihrerseits nach mittelalterlicher Auffassung mit der trojanischen Abkunft der Frankenkönige in Verbindung stehen[321]. Deren Siedlungsgebiet befand sich im heutigen Siegerland. Eine wichtige historische Bezugsfigur zu Siegfried ist der *merowingische König Sigibert I.*, der von 561 bis 575 zunächst in Reims, später in Metz (Hauptort des fränkischen Teilreiches Austrasien) herrschte und im Jahre 575 in Vitry-en-Artois auf Anstiften seiner Schwägerin Fredegunde umgebracht wurde. Der Name Sigibert ist zwar nicht mit Siegfried identisch; es kommt jedoch auf den Sigi-Stamm an. Der zweite Teil ist in den verschiedenen Überlieferungen unterschiedlich: Sigi-bert, Sigi-frit, Sig-urd[322]. Der Wortbestandteil -bert bedeutet „berühmt"[323]. Sigibert hat den Ehrentitel „Victor" (= Sieger) getragen[324] (s.o.). Das lateinische Wort 'Victor' wurde im Mittelalter gewöhnlich mit den Silben 'sige-, sigi-, sigu-'[325] übersetzt. 'Victor' ist ein Herrschertitel.

(2) Doppelsieg – Victor-Titel: Im Königsgedicht „De Sigiberto rege et Brunichilde regina" feiert sein Hofdichter Venantius Fortunatus Sigibert wegen seines Doppelsieges gegen die Sachsen und Thüringer mit einer geflügelten Nike und nennt ihn Victor (= Sieger):

Als Du den Sieg errungen, hat dieser Flügel genommen und verkündet jetzt im Flug Deine glücklichen Taten. Heisst's doch in Sachsen und Thüringen, eigenen Untergang leistend, seien viele Männer gefallen, zum Ruhm eines Einz'gen (Liber VI, 6.1, 9-12)

Und an einer anderen Stelle:

„*Sieger, dessen Ruhm sich vom Westen nach Osten erstreckt, Dich als das überragende Haupt des Adels ausweist*" (Lib VI, 6.1, 1/2).

Zusammen mit

„*Deine Kriege brachten mit neuem Glück auch den Frieden*" (Lib VI, 6.1, 15)

---

319 Haubrichs 2000, S. 181
320 Gerritz 1963, S. 121 f.; Haubrichs 2000, S. 204 f.
321 Gerritz 1963, S. 48
322 vgl. Holz 114, S. 76; Lintzel 1934, S. 29
323 s. Mone 1818, S. 45
324 Meyer 1901, S. 114 und 119
325 Gerritz 1963, S. 89

klingen diese Verse wie eine Erklärung des Namens „Siegfried", sofern sich darin der dauerhafte Frieden als Ziel des Krieges ausdrückt. 'Friede durch Sieg im Krieg' ist die Devise der römischen Schriftsteller, besonders des Tacitus[326]. 'Sieger' (= victor) und 'Friedensbringer' (= pacificus und pacator) gehören zur Titulatur des römischen Kaisers[327] insbesondere seit Augustus[328]. Der pacator-Titel steht in enger Beziehung zum Herakles/Hercules-Kult der römischen Kaiser, vor allem bei Commodus[329]. Die Verbindung von victoria und pax kommt auf Münzen und Denkmälern der Literatur und Bildkunst der römisch-griechischen Antike vor[330], besonders augenfällig im antiken Nike-Symbol von Ephesus (s. Abb. 46) und in manchen antiken Triumphbögen. Ein sehr schönes Beispiel der Verwirklichung dieser bis in die moderne Zeit nachwirkenden Idee der Verknüpfung von Sieg und Frieden ist der dem Septimius Severus im antiken Rom nachempfundene Triumphbogen an der Place Stanislas in Nancy (vollendet 1755), dessen beide Pfeiler der Siegessymbolik (links) und der Friedenssymbolik (rechts) gewidmet sind (Abb. 47).

Abb. 46: (Foto): geflügelte Nike (antikes Symbol aus Ephesus), trägt in der linken Hand den Siegerkranz, in der rechten den Palmzweig (Sieges- und Friedenssymbol)

---

326 Berlinger 1935, S. 46
327 vgl. Berlinger 1935, S. 42 ff.
328 Berlinger 1935, S. 50; Hölscher 1967, S. 160
329 Berlinger 1935, S. 55 ff., 62
330 vgl. Berlinger 1935, S. 54; Hölscher 1967, S. 94 f., 108, 160, 162; Berrens 2004, S. 198 Fußn. 237

Abb. 47: (Foto): Triumphbogen an der Place Stanislas in Nancy (Lothringen). Die Symbolik des Bogens ist auf der rechten Seite dem siegreichen Fürsten (principi victori) und auf der linken Seite dem Friedensbringer (principi pacifico) gewidmet

Der Name 'Siegfried' ist somit entstanden aus einer Zusammenziehung zweier Titel, nämlich 'victor' und 'pacificus bzw. pacator' und deren Übertragung in germanische Begrifflichkeit. „-fried" als Zweitglied im Namen kommt im germanisch-fränkischen Sprachraum seit dem 6.Jh. vor und bedeutet 'Friedenswahrer'[331]. In dieser Interpretation liegt es nahe, den Namen 'Siegfried' im Nibelungenlied nicht nur als Bezeichnung einer Person, sondern auch als einen Titel und als germanisches Äquivalent zum römischen Titel 'Augustus' zu betrachten. 'Siegfried' hat sich als offizieller Titel schon allein wegen der lateinischen Amtssprache und der Beibehaltung der weströmischen Titulatur der deutschen Kaiser freilich nicht etablieren können. Er ist jedoch bildsymbolisch bis heute in der Ikonographie der Nike bzw. victoria repräsentiert, wobei der 'Sieger' im Lorbeerkranz, der 'Friedenswahrer' im Palmzweig zum Ausdruck kommt. Der Palmzweig ist neben einer anderen Etymologie (s. Abschn. 8) auch im Namen von Siegfrieds Schwert 'Balmung' im Nibelungenlied angedeutet.

In jedem Fall umschreibt dieses panegyrische Gedicht den victor-Titel, den Sigibert I. als Herrschaftszeichen geführt hat. Die Verleihung des victor-Titels begründet Venantius Fortunatus mit einem Doppelsieg, den Sigibert an der Nab und anderswo gegen die Thüringer, vielleicht sind auch die Thüringer gemeint, die er selbst und Sachsen/Dänen, die sein Feldherr Lupus besiegt hat[332]. Diese nur bei Venantius Fortunatus erwähnten Feldzüge fanden vor dem Jahre 566, vielleicht im Jahre 555[333], also noch zu Lebzeiten Chlothars I.[334] statt, zu einer Zeit also, als Sigibert Königssohn, aber noch nicht König war[335].

Wie Münzfunde bei Chinon belegen, hat sich auch Sigiberts bedeutendster Vorgänger im Amt des austrasischen Königs, Theudebert I. (534–548) den victor-Titel aufgrund eines Doppelsieges zugelegt[336]. Theudebert ließ als erster Germanenfürst gegen den Willen des byzantinischen Kaisers Goldmünzen prägen, die seinen Namen und den Titel „Victor" tragen[337], aber auch ein perlenbestücktes Diadem über seinem Helm[338]. Auch von Sigibert ist eine Münze überliefert, die ein Siegesthema darstellt, nämlich eine „geflügelte Nike" als Zeichen für einen *Doppelsieg* (winged victory)[339]. Eine andere Münze, welche den Namen Sigiberts I. trägt, enthält die Darstellung eines Kreuzes auf einer gegabelten Unterlage mit einer Kugel darunter[340]. Die Münze enthält auch die

---

331 Haubrichs 2000, S. 188
332 Reydellet 1998: Venantius Fortunatus Liber VI, 6.1 Verse 75/76 und VII, 7; s.a. Rommel 1820, S. 55, Am. 14; kritisch hierzu Börsch 1839, S. 11; Sarrazin 1897, S. 113 ff.,
333 vgl. Meyer 1901, S. 14
334 Börsch 1839, S. 29
335 Sarrazin 1897, S. 116
336 Prou 1896, S. XXXII
337 Beisel 1993, S. 99; Belfort 1892, S. 265, Nr. 909 und 913; Deloche 1890, S. 39–87; Prou 1995, S. 9 ff., Nr. 38–59; Price 1981, S. 126 f., Nr. 574
338 RGA 1981, S. 367
339 George 1992, S. 40; vgl. Blanchet & Dieudonné 1912, S. 201, Prou 1896, S. XXXVI Cat. B.N. n 978, Münzbeschreibung: type dégéneré de la victoire; Darstellung der Münze Sigiberts auf dem Deckblatt des Buches von Cardot 1957
340 Bernd 1841, S. 307 f. und Tafel 17, Nr. 34 mit Bezug auf Toustain et al. 1755, S. 608, Tafel und S.

Buchstaben M A für Massilia (= Marseilles), welches damals zum Gebiet Sigiberts gehörte. Die Aufschrift lässt sich in etwa als Hinweis darauf deuten, dass Sigibert sich in der Nachfolge Chlodwigs zum Christentum bekennt. Im Louvre in Paris befindet sich ein Ring, auf dessen Siegelplatte der Kopf eines bartlosen Mannes mit langen Haaren eingraviert ist. Aufgrund der Schreibweise der beigefügten Buchstaben S und R, die sich als fränkisch bzw. austrasisch erweist und auf das 6. Jh datieren lässt, vermutet man, dass Sigibertus I., rex von Austrasien gemeint ist[341].

Der Victor-Titel gehörte ursprünglich zur Titulatur des römischen Kaisers Konstantin[342]. Er ist ein christliches Herrschaftssymbol, da er sich auf das berühmte 'labarum' (Chi/Rho) gründet, in welchem Zeichen Konstantin die Schlacht an der Milvischen Brücke bestand (in hoc signo vinces). Das Labarum als victor-Symbol findet sich auf einer Münze Childeberts II.[343], des Sohnes Sigiberts I., aber auch auf einer Münze des zeitgleich herrschenden oströmischen Kaisers Mauritius Tiberius (582-602). Beide Herrscher knüpfen damit staatssymbolisch an die Ära Konstantins an. Sie verstehen sich vermutlich im Sinne eines 'Novus Constantinus' als Nachfolger und Wahrer der konstantinischen Tradition. Der Victor-Titel steht seit Konstantin auch im Zusammenhang mit dem Sieg über den Drachen (= das Böse)[344] (s.u. Ziff. 7). Die Gewinnung des Victor-Titels ist vielleicht die Erklärung dafür, dass Siegfried nach dem Doppelsieg über Nibelung/Schilbung im Königreich der Nibelungen zwar deren Treueid erreicht, aber keine Krone erhält: Der Victor-Titel ist ein stärkeres Herrschaftssymbol als die Königskrone, er ist ein Kaisertitel.

(3) Gerichtsbarkeit – Gladius: Realhistorisch seit dem römischen bzw. byzantinischen Altertum und gleichermaßen in der Heldenepik hat das Schwert symbolische Bedeutung beim Vollzug rechtlicher Akte (Schwüre, Ergebung, Adoption, Landübergabe, Symbol der Gerichtsbarkeit)[345]. Es ist Machtsymbol und Herrschaftszeichen, da der Herrschaftsvollzug im wesentlichen mit Rechtsprechung zu tun hat[346]. Die rechts- und staatssymbolische Bedeutung kommt auch im Namen **'Balmung'** zum Ausdruck, dessen Wortstamm einen etymologischen Bezug zum Wort 'Palme' (mhd. 'balm(e)')[347] und damit zu dem in Abschn. 2 erwähnten Sieges- bzw. Friedenssymbol 'Palmzweig' vermuten lässt.

Darüberhinaus ist der Begriff 'Balmung' im niederfränkischen Gebiet belegt und bedeutet 'Felsenhöhle'[348]. Es ist ursprünglich die Bezeichnung eines Dämons, der in

---

633
341 Schramm 1954, S. 687
342 vgl. Gerritz 1963, S. 92, Fußn. 310
343 vgl. Prou 1896, S. XXXIX
344 Gerritz1963, S. 92 ff
345 vgl. Knappe 1974, S. 114, Fußn. 400
346 Knappe 1974, S. 113 ff., 124, 130
347 vgl. Kluge 1975, Stchwort Palme'
348 Kralik 1932, S. 339; Wunderlich 2007, S. 174

einer Felsenhöhle haust[349]. Der Besitz des Schwertes verleiht seinem Träger überragende Heldenkraft[350] und legitimiert in den Augen des Publikums symbolisch Herrschaftsansprüche, zumal dann, wenn die Waffe von legendärer Qualität ist. Das lässt sich im Blick auf Ausschmückung und Qualität von Schwertern als Grabbeigaben und den daraus ableitbaren gesellschaftlichen Rängen, welche die Verstorbenen zu Lebzeiten innehatten, beweisen[351]. Vermutlich ist im NL von einem Langschwert die Rede, da in Str. 73 betont wird, die Schwerter der ankommenden Helden reichten bis an die Sporen. Dieser Schwerttyp scheint als Machtsymbol vor allem repräsentativen Zwecken gedient zu haben[352]. Das Lob bzw. die Wunderhaftigkeit des Schwertes bezieht sich wahrscheinlich auf eine ältere Erzählschicht, vielleicht einfach auf den Sachverhalt, dass es aus Eisen war, einem Material bzw. einer Legierung, welche in der merowingischen Epoche vermehrt bei der Waffenherstellung verwendet wurde[353]. Die Franken verfügten neben der Streitaxt Franziska auch über Schwerttypen wie das zweischneidig geschärfte Langschwert mit der Bezeichnung Spatha[354], und das einschneidige Hiebschwert, den Scramasax[355]. Auch war die Eisenschmiedekunst im Frankenreich weiter entwickelt als bspw. in Skandinavien[356]. Vielleicht ist das Schwert Balmung auf eine besondere Weise gehärtet worden wie etwa **Damaszener Stahl**[357] und seine Herstellung erforderte eine besondere Qualifikation des Schmiedes[358]. So gesehen verweist der Name Balmung als Felsenhöhle auf den Ort der Eisengewinnung (eine Erzmine) und/oder der Schmiede, die sich im Lande Nibelungs befinden. Daraus ist zu schließen, dass im Nibelungenland Eisenerz gewonnen, verhüttet und verarbeitet wurde.

(4) Hort – Thesaurus: Der Begriff 'Hort' ist nur in der Nibelungensage belegt. Er stammt wahrscheinlich aus dem römischen Wort 'horreum' (= Speicher, Silber- und Geldkammer, Warenmagazin) und ist gleichbedeutend mit dem griechischen Wort 'Thesaurus'[359]. Eine Schatzkammer mit der Bezeichnung horreum hatten die Römer in Trier. Vermutlich kam es von dort in den Sprachschatz der angrenzenden Franken bzw. Nibelungen[360]. Der Hort im Nibelungenlied ist der Staatsschatz des Königs, da er der Bezahlung des Heeres dient (Str. 1127,1270-1272,1282)[361]. Sein Besitz sichert die Macht und

---

349 Kralik 1932, S. 340
350 Müller 1968, S.185
351 vgl. Christlein 1978, S. 63 ff.
352 Zöllner 1970, S. 158
353 vgl. Salin 1957, S. 51 ff
354 Zöllner 1970, S. 157 f.
355 vgl. Zöllner, 1970, S. 159
356 Peeters 1986, S. 7
357 vgl. Sachse 1989
358 vgl. Salin 1957, 65 f
359 Mone 1836, S. 151
360 vgl. Mone a.O.
361 Mone a.O., S. 157

Herrschaft des Königs[362] und ist deshalb ein wichtiges, wenn nicht das wichtigste Herrschaftssymbol. Der Thesaurus Austrasiens war im Vergleich zu den anderen fränkischen Teilreichen der größte. Ihn gewann hauptsächlich Theudebert I. durch seine siegreichen Kriegszüge[363].

Den Eindruck der Unermesslichkeit des Hortes (Str. 92 und 1122) vermittelte auch ein vielbeachteter realgeschichtlicher Vorgang der Jahre 1197/98[364], also der Entstehungszeit des NL. Der Stauferkaiser Heinrich VI. hatte in Palermo den Schatz der normannischen Könige erbeutet und auf den Trifels bringen lassen. Der Chronist Arnold von Lübeck erzählt, der Schatz sei auf 150 Saumtieren transportiert worden. Im Nibelungenlied (Str. 1122) wird der Hort auf zwölf Wagen verladen, die jeweils zwölfmal zum Schiff fahren mussten – ergibt zusammen 144 Wagenladungen[365]. Dazu passt auch der Hinweis bei Otto von St. Blasien, dass Heinrich VI. mit dem fast gleichzeitig gewonnenen Lösegeld für Richard Löwenherz (Ritschart ist im Gefolge Dietrichs von Bern, s. Str. 2281), König von England, den er auf dem Trifels als Geisel festhielt, die Söldner anwarb, die ihm dann halfen, Sizilien zu erobern[366].

(5) Tarnkappe bzw. -mantel: Die Vestis regalis bzw. trabea[367], das königliche Gewand, kennzeichnete in merowingischer Zeit den König und war deshalb ein Herrschaftszeichen[368]. Die trabea ist das wichtigste Herrschaftszeichen des consuls, aus welcher das Königsgewand des merowingischen Königs hervorging[369]. Die Tarnkappe ist vermutlich eine magisch überhöhte Bezeichnung des merowingischen Königsgewandes in Austrasien (niederfränkisch) des 5. und 6. Jh. Im Nibelungenlied kommt der Tarnmantel zweimal als Herrschaftszeichen zur Anwendung, einmal beim Wettkampf Gunthers mit Brünhild und das andere Mal in der zweiten Hochzeitsnacht Gunthers. Beide Male ermöglicht der Tarnmantel Siegfried, anstelle Gunthers zu handeln. Siegfried handelt im Auftrag Gunthers als sein Vasall und Stellvertreter, d.h. im Namen des Königs: Beim Wettkampf mit Brünhild sagt er aus der Unsichtbarkeit heraus zu Gunther: „Mach du die Bewegungen, ich werde die Taten verrichten" (Str. 454). Und in der Hochzeitsnacht: „Siegfried verhielt sich so, als ob er der mächtige König selber wäre" (Str. 668). Nach getaner Arbeit, während welcher er voll bekleidet blieb, trat Siegfried zur Seite „und tat so, als ob er sich entkleiden wollte" (Str. 679). Brünhild meint beide Male nur Gunther in seiner königlichen Gewandung vor sich stehen bzw. liegen zu sehen. Offenkundig ermöglicht der Tarnmantel Unsichtbarkeit seines Besitzers, also Siegfrieds, und gleichzeitig Sichtbarkeit als Gunther bzw. Gunthers königliches Gewand, dessen 'snêblanke

---

362 vgl. Schneider 1972, S. 242 ff.; Schulze 2001, S. 225
363 vgl. Deloche 1890, S. 79 ff, 82
364 Csendes 2003, S. 69, 71
365 vgl. Thomas 1990 a, S. 345
366 Thomas 1990 a, S. 345
367 Deér 1957, S. 410 f.
368 vgl. Bronisch 1999, S. 38
369 vgl. Deér 1957, S. 410/411

Varwe' (Str. 399) die Chlamys des hohen römischen Beamten (vir inluster) zur Merowingerzeit vermuten lässt[370]. Der ursprüngliche Besitzer der Tarnkappe 'Nibelung' (synonym mit mhd. Nebelkappe) wurde in der niederfränkischen Hortdichtung so genannt, weil er durch die Befähigung, sich unsichtbar machen zu können, seine Herrschergewalt begründete[371].

(6) Treueeid: Der Treueeid der Nibelungen definiert die Anerkennung der Herrschaft Siegfrieds im Nibelungenland (Str. 95, 99, 721). Er ist für das Mittelalter das wichtigste Herrschaftssymbol. Mit ihm begründet sich die Machtstellung des Gefolgschaftsführers und später Lehnsherren und die Position des Gefolgsmannes (antrustio) bzw. Vasallen. Das Lehnswesen des Mittelalters entstand aus der germanischen Gefolgschaft[372] und dem Buccelariertum[373]. In der Zeit des Verfalls der Autorität der weströmischen Staatsmacht (etwa ab dem 3. Jh.) machten sich im Reichsgebiet viele Soldaten oder Kämpfer aus Barbarenstämmen selbständig und zogen als Einzelkämpfer umher oder schlossen sich privaten Machthabern an. Auf dieses Phänomen lässt sich das Wort „recke" beziehen, das in etwa „einsam umherziehender Krieger" bedeutet[374]. Das Buccelariertum grassierte besonders in der Merowingerzeit im 6. und 7. Jh., in welcher einzelne Kämpfer oder kleinere Gruppen aus Gründen des Lebensunterhalts Krieg führten[375], könnte aber auch noch im 8. Jh., also zur Zeit der Häufung normannischer Einfälle (Wikinger) in das Frankenreich verbreitet gewesen sein. Beim Eintritt eines solchen Buccelariers in eine Gefolgschaft eines privaten oder auch staatlichen Patronus wurden Verträge geschlossen, die bereits unter lehnsrechtlichem Aspekt beachtenswert sind, nämlich der Treueschwur des Buccellarius (Antustrioneneid) gegen Versorgungsgarantie des Patronus[376]. Der fidelitas des Antustrionen entspricht das auxilium des Königs als Gefolgsherrn[377].

(7) Sieg im Drachenkampf: Der Drache ist ein uraltes Symbol, welches zuerst von sarmatischen und parthischen Truppen als Feldzeichen verwendet wurde. Von dort übernahmen es die Römer. Als militärisches Feldzeichen ist es auf der berühmten Trajanssäule in Rom schon 113 n.Chr. bezeugt[378].

Die Dracostandarte bestand aus einem Aufblähsack, der an einem Drachenkopf mit offenem Rachen angenäht war. Das Drachen-Symbol steht für eine sehr schwer zu lösende Aufgabe, deren erfolgreiche Bewältigung die Eignung des Siegers für die Übertragung einer wichtigen gesellschaftlichen Position, d.h. einer Machtposition beweist[379].

---

370 Hempel 1960, S. 189; Delbrück 1949, S. 75
371 vgl. Kralik 1932, S. 327
372 Schulze 2004, S. 53
373 Diesner 1972, S. 321 ff.
374 Tarantul 2001, S.381 ff.
375 Bodmer 1957, S. 68 ff.
376 Diesner 1972, S. 322
377 vgl. Schulze 2004, S. 49
378 Wild 1962, S. 44
379 Lecouteux 1994, S. 221

In der mittelalterlichen Heraldik symbolisiert der Drache eine „Herrschaft, die durch Waffengewalt zu erweitern kommt"[380]. In diesem Sinne ist er als normannische Schildfigur im Teppich von Bayeux belegt.

Abb. 48: Draco-Symbol auf der Trajanssäule in Rom (Foto: celtoi.net)

Es ist anzunehmen, dass sich im Gedächtnis der Germanen die Kämpfe mit den Römern als Drachenkämpfe hielten, – genauer als Kämpfe gegen römische Kohorten, die das Drachenfeldzeichen führten – und so in Sagen und Erzählungen der Heldenepik eingegangen sind[381]. Siegfried, dem Sieger im Drachenkampf, gilt das magisch überhöhte germanische Helden- und Fürstenlob als besonders tapferer Krieger und Führer. Darüberhinaus spielte die Drachenkampf-Symbolik seit Konstantin dem Großen[382] und Nachfolgern auf dem Kaiserthron, nachweislich bei Konstantin V. (741-775)[383], also seit Anfang des 4. Jhdts. als Kampf des Guten gegen das Böse eine Rolle[384]. Der Sieg im Drachenkampf bzw. über das Böse ist somit Macht-Symbol, zumal des „guten" christlichen Herrschers.

Nach Austrasien gelangte das Symbol 'Sieg im Drachenkampf' vermutlich über den austrasischen König Theudebert I. Er war der erste germanische Herrscher, der sich das Recht anmaßte, Goldsolidi mit seinem eigenen Namen und Bildnis prägen zu

---

380 Pusikan 1877, S. 40
381 Höfler 1961, S. 16, 96 ff.
382 Braunfels-Esche 1976, S. 26; Eusebius v. Caesarea, vita Constantini, Buch 3,3,1-3,4; Kolb 2001, S. 81
383 vgl. Rochow 1994, S. 127
384 vgl. Steffen 1984, S. 219 f.; Ulmenstein 1935, S. 18; Braunfels-Esche 1976, S. 11

lassen³⁸⁵. Im Bestreben, mit dem oströmischen Kaiser als sein weströmisches Pendant gleichzuziehen, eignete er sich auch die Titulatur des Kaisers, insbesondere den Victor-Titel an (s.o. Münzprägungen)³⁸⁶. Dieser Titel trägt seit Konstantin den o.g. christlichen Anspruch eines 'Heidenbekerers' bzw. eines 'Verteidigers des Glaubens' mit sich³⁸⁷, der sich besonders im Symbol des Sieges im Drachenkampf ausdrückt³⁸⁸. Vielleicht in Verbindung mit einem Bedürfnis nach einer eigenständigen Begründungslegende für diesen Titel kam es dann wohl zu einer Vermischung des christlichen Drachenkampfmythos mit einer germanischen bzw. ostfränkischen Sagentradition um den Cheruskerfürsten 'Arminius' und dessen Sieg über die Römer, zumal das lateinische Wort 'Victor' im Mittelalter gewöhnlich mit den Silben 'sige-, sigi-, sigu-' übersetzt wurde³⁸⁹ (s.a.o.).

In der weiteren Geschichte des christlichen Machtsymbols 'Sieg im Drachenkampf' verband sich in etwa der 2. Hälfte des 12. Jh. der von Arminius herrührende germanische Drachenkampf-Mythos mit der zuvor drachenkampflosen Legende des St. Georg³⁹⁰. Daraus entwickelte sich die uns geläufige Georgsritter-Legende (Jacobus de Voragine, Legenda aurea), die im Mittelalter zu einem den christlichen Staat repräsentierenden Symbol wurde³⁹¹. Georg avancierte gemeinsam mit dem Erzengel Michael zum Patron der Krieger bzw. der Glaubenskämpfer³⁹² und damit der Kreuzritter, d.h. der Kämpfer gegen den Drachen Islam. Im Jahre 1222 bestimmte Richard Löwenherz Georg zum Schutzpatron Englands³⁹³. Der habsburgische Kaiser Friedrich III. gründete im Jahre 1468 in Millstadt/Österreich nach dem Muster des Deutschen Ritterordens den St. Georgsritterorden, dessen Aufgabe die Bekämpfung der Türken sein sollte³⁹⁴. Dieser Aufgabe wurde der Orden jedoch nur mäßig gerecht, so dass im Jahre 1598 seine Aufhebung erfolgte³⁹⁵.

Mit Bezug auf diese alte Überlieferung lässt sich eine Darstellung Siegfrieds in der dem 15. Jh. angehörenden Rosengartenhandschrift der Heidelberger Universitätsbibliothek so deuten, dass er ein feuerspeiendes Drachenhaupt auf dem Helm trägt³⁹⁶. In der Thidrekssaga und in der Völsungasaga (Kptl. 22) trägt Sigurd in goldenem Schilde einen oberhalb dunkelbraunen, unterhalb roten Drachen, so auch auf dem Helm, am Sattel, in der Fahne³⁹⁷. Ein Drachensymbol befindet sich auch auf dem Helm aus dem Grab Sutton Hoo³⁹⁸. Gerade der heraldische Drache (draco) gilt bis in das 17. Jh. als „Symbolum

---

385 Beisel 1993, S. 98
386 vgl. Beisel 1993, S. 99
387 Beisel 1993, S. 99
388 vgl. Gerritz 1963, S. 92 f.
389 Gerritz 1963, S. 89, 121 f.
390 Braunfels-Esche 1976, S. 11
391 vgl. Braunfels-Esche 1976, S. 22
392 vgl. Poeschel 2005, S. 239
393 Poeschel 2005, S. 239
394 Winkelbauer 1949, S. 2 ff
395 Winkelbauer 1949, S. 160
396 Hinweis bei Kranzbühler 1930, S. 153 und Abb. 55
397 Bernd 1841, S. 306; s.a. Erichson 1967, S. 291
398 RGA, Stichwort „Drache" 1981, S. 137

optimi Principis"[399]. Besonders deutlich ist diese Funktion im ungarischen Drachenorden, den der ungarische König Sigismund (Kaiser von 1433 bis 1437) im Jahre 1418 gestiftet hat[400]. Ein sehr schönes Beispiel eines solchen Drachenhelms aus der 1. Hälfte des 15. Jh. ist in der Waffensammlung des „Palacio real" in Madrid zu sehen[401]. Ein weiteres Beispiel ist die auf das 7. Jh. bezogene Darstellung Ottoprechts, nach Jakob Mennel des ersten gefürsteten Grafen von Habsburg[402]. Der Drache als Helmzier ist in Malerei und Plastik in der 2. Hälfte des Florentiner Quattrocento (1450–1500) gebräuchlich[403].

Abb. 49: Drachenhelm aus der 'Armeria del Palacio Real de Madrid', Vitrine 1, D-11 und Helmzier Ottoprechts, des ersten gefürsteten Grafen von Habsburg (Dürer 1515)

Auch Hagens Geschichte von Siegfrieds Sieg im Drachenkampf ist somit als Machtsymbol zu verstehen. Das bei der Ankunft Siegfrieds in Worms sichtbare Symbol ist vermutlich die Helmzier Siegfrieds. Der Sieg im Drachenkampf bedeutet Tapferkeit und Führungsqualität. Die Tradition des zertretenen Bösen bzw. des toten Krieges verkörpert der unter den Füßen des Königs liegende bzw. zertretene Drache in der

---

399 Pietrasanta 1682, S. 320
400 Neubecker 1990, S. 218/220; Oswald 1984, S. 104
401 s. Quintana Lacaci 1987, S. 26 f., Vitrine Nr. 1, D-11; Schramm 1954, S. 989; Schwietering 1969, S. 285 + Abb. 3 und 4
402 Entwurfszeichnung Dürers aus dem Jahre 1515; heute im Kupferstichkabinett, Staatl Museen Berlin, Inv. Nr. KdZ 26812, zit. n. Seipel 2002, S. 129, Kat. Nr. 55, Erläuterung S. 130; Koreny 1989, S. 127 f.
403 Koreny 1989, S. 137

Zeichnung auf dem Sargdeckel Sigiberts I.[404] (s.u.). Der „Drachenbesieger" ist eine staatssymbolische bzw. christliche Allegorie, die zwei Herrschaftssymbole verbindet, einerseits Sieger-Eigenschaften wie Tapferkeit und Führungsqualität, repräsentiert in der Tradition des Feldzeichens der römischen Kohorte, andererseits in christlicher Tradition seit Konstantin dem Großen den Sieger über das Böse bzw. den Krieg. Der tote bzw. zertretene Drachen symbolisiert als Trophäe entsprechend die Tapferkeit und Führungsstärke des Siegers sowie den Tod des Krieges und damit den dauerhaften Frieden, d.h. den Friedensbringer.

(8) Unverwundbarkeit/Hornhaut bzw. Drachenhaut

Dieses Symbol nimmt Bezug auf die Verbreitung von Panzerungen in den germanischen Heeren der Völkerwanderungszeit. Die einfachen Soldaten hatten keinerlei Schutzkleider außer ihren Schilden. Schutzkleider bestanden anfänglich aus Leder, auf welches dann Platten oder Schuppen aus Horn aufgenäht wurden und deshalb Hornpanzer genannt wurden. Später verwendete man dann Schuppen aus Metall. Der eiserne Schutzpanzer war ein Privileg, welches nur den höchsten Offizieren vorbehalten war, hauptsächlich deshalb, weil seine Anschaffung zu teuer war[405]. Je besser die Schutzkleidung, desto geringer die Verwundbarkeit. Aber auch bei noch so guter Panzerung ist eine Stelle gegeben, welche den Krieger verwundbar macht. Hornhaut und die vom Lindenblatt verdeckte Lücke, Unverwundbarkeit und Verwundbarkeitsstelle entsprechen dem antiken Achilles-Mythos und sind Helden- und Herrschersymbol. Austrasisch ist dieses Herrschersymbol durch Sigibert I., der von seinem Hofdichter Venantius Fortunatus als zweiter Achilles gefeiert wird (das Gedicht s.o.).

Wer unverwundbar ist, kann nicht besiegt werden, er ist deshalb unbesiegt d.h. 'invictus'. Der Titel 'invictus' ist zu Zeiten der römischen Republik Ehrentitel des siegreichen Feldherrn, mit dem insbesondere Caesar und nach ihm Augustus gefeiert wird[406]. Römisches Herrschersymbol ist der Titel im Sinne von „Unbesiegbarkeit" seit Commodus[407]. Auch die deutschen Kaiser führten diesen Titel (s. z.B. das Monogramm Friedrich Barbarossas: *Signum domini Friderici Romanorum imperatoris invictissimi*; s.a. Heinrich VI.)[408]. Auf Münzen ist er auch bei Konstantin dem Großen[409] belegt, der sich mit dem 'sol invictus' vergleicht, zum Zeichen dafür, dass der Kaiser die höchste Macht auf Erden sei wie der Sonnengott am Himmel[410]. Mit zunehmender Affinität zum Christentum hat Konstantin den Titel wegen seiner Herkunft aus dem Mithras-

---

404 Défente 1996, S. 328: Papier de Montfaucon, ms.fr. 15634, f 18,
405 vgl. Hartung 1894, S. 436 f
406 Berlinger 1935, S. 20/21
407 Clauss 1990, S. 33 f.; Wallraff 2001, S. 33; Berlinger 1935, S. 21; Hölscher 1967, S. 152
408 so im sog. „Privilegium Minus" Friedrich Barbarossas vom 17.Sept. 1156 (Lhotsky 1957, S. 86); Csendes 1981, S. 145
409 Leeb 1992, S. 10 ff.; Weinstock 1957, S. 243
410 Preller 1858, S. 754, 756; Bergmann 2006, S. 147 f.

Kult im Jahre 324 durch den 'victor'-Titel ersetzt, mit dem er sich sogar anreden ließ[411]. Mit dem Sieg über Maxentius an der Milvischen Brücke im Zeichen Christi (labarum) im Jahre 312 und dem Sieg über Licinius im Jahre 324, der den invictus-Titel führte, hat der Christengott sich als der stärkere erwiesen bzw. symbolisch der victor-Titel den invictus-Titel sozusagen auf den zweiten Platz verwiesen. Der victor-Titel Konstantins fußt auf dem christlichen labarum bzw. auf dessen Verheißung „in hoc signo vinces". Somit ist Konstantin 'victor et invictus', d.h. der unüberwindlichste, der 'invictissimus'.

Abb. 50: (links) Chlodwig mit Strahlenkrone in der Darstellung als Bronzefigur am Grabmal Kaiser Maximilians I. in der Hofkirche in Innsbruck (1515); (rechts) Kaiser Constantin der Große mit Strahlenkrone des sol invictus (4. Jh.)

Es spricht einiges dafür, dass Konstantins Relativierung des invictus-Titels zugunsten des victor-Titels in der Geschichte von Siegfrieds Doppelsieg über Nibelung/Schilbung in germanisch-fränkischer Begriffs- und Vorstellungswelt wiederholt wird. Darauf deutet das in Byzanz schon länger gebräuchliche Epitheton „Novus Constantinus" hin[412], welches als Symbol der Rechtgläubigkeit und der göttlichen Berufung des Kaisertums im 6./7. Jh. staatsrechtliche Bedeutung als Acclamation für den neuen Kaiser erlangte. Gregors v. Tours Zuschreibung des „Novus Constantinus" an den Fran-

---

411 Clauss 1996, S. 52; Leeb 1992, S. 11 f.; Weinstock 1957, S.243; Grünewald 1990, S.136; Kolb 2001, S.72 f.
412 Ewig 1956, S. 8 f.

kenkönig Chlodwig[413] knüpft an diesen Brauch an und deutet ein fränkisches Streben nach Gleichrangigkeit gegenüber dem oströmischen Augustus an. In der Darstellung Chlodwigs als Bronzefigur am Grabmal Maximilians I. in der Hofkirche in Innsbruck aus dem Jahre 1548[414] wird dieser Titel durch die Strahlenkrone (Krone des sol invictus) zitiert, die wie andere Kaiser vor ihm[415], so auch Kaiser Konstantin auf mehreren Münzen und seinem Standbild auf der Porphyrsäule in Konstantinopel trägt[416].

Entsprechend kann die Wiederholung von Constantins Zurückstufung des invictus- zugunsten des victor-Titel als eine Art Gründungslegende des fränkischen Königtums nach Chlodwigs Übertritt zum Katholizismus und damit als ein staatssymbolisches Ritual gewertet werden. Im NL beschreibt der Doppelsieg über Nibelung/Schilbung (Str. 87) und der Sieg über den Drachen den victor-Titel. Die durch das Bad im Drachenblut erlangte Unverwundbarkeit (Str. 100) deutet auf den invictus-Titel, der durch die Verwundbarkeitsstelle (Lindenblatt) relativiert wird.

Die Bezugnahme auf den invictus-Titel und dessen symbolische Ersetzung lässt sich in Hagens Geschichte des Sieges über Nibelung/Schilbung und den Drachen belegen, in der Begriffe vorkommen, die sich dem Mithras-Kult parallelisieren lassen. So findet die ganze Szene, die Siegfried als merkwürdig (!) und verwunderlich (!) wahrnimmt (Str. 89 und 90) (Hinweis auf einen Mysterienkult?!), vor einer Berghöhle (Str. 89) statt, die leicht als Felsengrotte bzw. Kultraum des Mithraskultes deutbar ist. Wie im Mithras-Kult sind nur Männer anwesend (Str. 88). Im Mittelpunkt des Geschehens stehen drei Könige, der verstorbene König Nibelung und seine beiden Söhne, die Könige Nibelung und Schilbung. Die Dreizahl erinnert an Mithras und die Dadophoren Cautes und Cautopates, den Fackelträgern im Mithras-Relief, die mit erhobener Fackel das Reich des Lichts (Cautes) und mit gesenkter Fackel das Reich der Finsternis (Cautopates) repräsentieren[417]. Die beiden Dadophoren können als Substitute von Mithras betrachtet werden, da sie gleich gekleidet sind und die phrygische Mütze tragen[418]. Entsprechend ihrer dualistischen Natur können sich die beiden (Zwergen-)Könige Nibelung und Schilbung nicht (oder nie!) einig werden (Str 91, 93). Die Bitte an Siegfried um Vermittlung eines Erbteilungsvertrages wirkt wie eine Anrufung 'Mihras', des Schutzgottes und Mittlers des Vertrages[419]. Zum Lohn für seinen Teilungsspruch erhält er vorweg das Schwert des alten Königs Nibelung, dessen Name 'Balmung' 'Felsenhöhle' heißt[420]. Das Schwert könnte auch aus der Teilnahme Siegfrieds an einem mithräischen Schwertritual zur

---

413 Gregor v. Tours II, 31; Ewig 1956, S. 19; ders. 1956, S. 28; Kaiser 1997; S. 66
414 Oberhammer 1955, S. 122 f., S.128
415 vgl. Bergmann 1998, S. 112 ff.; Clauss 1999, S. 376 ff.; Grünewald 1990, S. 50 ff.
416 Clauss 1999, S. 206; Bergmann 1998, S. 284 ff. und Tafel 55
417 Merkelbach 2005, S.208; Ulansey 1998, S. 58; entsprechend dem mit dem Mithraskult vermischten manichäischen Dualismus zwischen dem Reich des Lichts und dem der Finsternis (Widengren 1961, S. 48 ff.)
418 Strohm 2008, S.201
419 Merkelbach 2005, S. 27
420 vgl. Kralik 1932, S. 339 f.

Erlangung des Weihegrades eines 'miles' stammen. Das Ritual wird bei Tertullian in der Schrift 'de corona militis' (15) beschrieben[421]:

Szene: Schwertritual nach Tertullian 'de corona militis'[422]

> *Beteiligte Figuren: Pater(phrygische Mütze, roter Mantel), Myste (nackt), Mystagoge (weiße Tunica), ein Schwertkämpfer*
> *Ritualablauf*[423]*:*
> 1. *Der Mystagoge präsentiert das zu gewinnende Weihesymbol, einen Kranz.*
> 2. *Der Schwertkämpfer stellt sich zum Kampf. Der Myste muss diese Person im Zweikampf überwinden, um den Kranz zu bekommen*
> 3. *Zweikampf: Der Myste muss dem Kämpfer Schwert und Kranz entwinden*
> 4. *Im Falle des Sieges des Mysten: Schwert und Kranz gehören dem Mysten. Der Mystagoge setzt dem Mysten den Kranz auf den Kopf*
> 5. *Ermahnung des pater, den Kranz mit eigener Hand wieder abzustreifen mit den Worten: „Mithras ist mein Kranz"*
> 6. *Der Myste streift den Kranz ab. Das Schwert verbleibt ihm.*

Zu diesem Ritual gehörte mancherorts auch eine Mutprobe, d.h. eine rituelle Konfrontation des Kandidaten mit dem Tod, indem er mit gebundenen Händen und verbundenen Augen in eine wassergefüllte Grube gestoßen wurde, aus der ihn ein liberator befreite, indem er die Fesseln durchschnitt[424]. Diese Mutprobe sollte die Ängste des Kandidaten symbolisch in ein Kraftpotential umwandeln[425]. Die Grube ist vermutlich identisch mit der Opfergrube, in welche das Blut des rituell geopferten Stieres (Taurobolium) hineinfloss[426].

Ein anderes Ritual, welches zu Siegfrieds Drachenkampf passen könnte, gehört zum Weihegrad 'Löwe' (leo) und stellt Jupiters Sieg über den schlangenfüßigen Giganten dar: Saturn (Gott des 7. Weihegrades 'pater') übergibt Jupiter (Gott des 4. Weihegrades 'leo') den Donnerkeil, mit dem Jupiter einen vor ihm knienden Giganten (in anderen Reliefs auch zwei) erschlägt (Szene z.B. dargestellt im Relief auf dem Mithras-Altar in Osterburken[427]). Der Löwenvergleich in Siegfrieds Kampf mit Alberich (Str. 97) kann auch als Hinweis auf den mithräischen Weihegrad des Löwen gelesen werden, zumal die meisten Mithrasdiener im Rang des Löwen gestanden haben[428].

---

421 vgl. Clauss 1990, S. 141 f.; Merkelbach 2005, S. 95 f., 136; Strohm 2008, S. 18 f.
422 Merkelbach 2005 a.O.
423 in Anl. an Merkelbach 2005, S. 95
424 Merkelbach 2005, S. 138; Vermaseren 1965, S. 108
425 Giebel 1993, S. 207 f.; Merkelbach 2005, S. 136 f., 138
426 Prónay 2000, S. 76 f.
427 Merkelbach 2005, S. 107 f., S. 109, 254 (Jupiter als Äquivalent zu persischen Drachensiegern)
428 Merkelbach 2005, S. 100

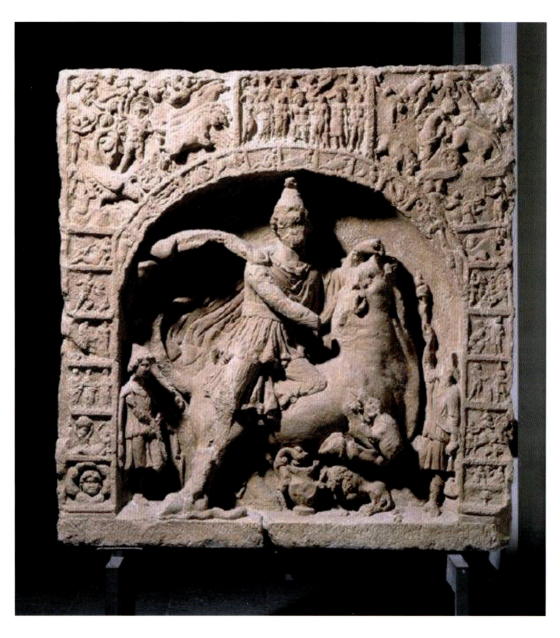

Abb. 51: Mithras-Altar aus Osterburken

Siegfried vermochte es nicht, die Brüder Nibelung und Schilbung zu einer Einigung bei der Schatzteilung zu bewegen, d.h. es kam kein Teilungsvertrag (divisio legitima) zustande. In der anschließenden militärischen Auseinandersetzung offenbar am Ort der Vertragsverhandlung siegt Siegfried mit Hilfe des Kultschwerts Balmung (= Felsenhöhle). Die Tötung der beiden Könige, der 12 Riesen, 700 Recken und die Erbeutung des Hortes könnte gerade im Hinblick auf die Zahlensymbolik (Doppelung, Zahlen 12 und 700) als Chiffre der Zerstörung eines Mithras-Heiligtums (2 Fackelträger; 12 Götter und zugeordnete Tierkreiszeichen[429]) und Vernichtung einer römischen Militäreinheit (700 'milites' sind in etwa die Größe der 1. Kohorte einer römischen Legion, die wie jede Kohorte als Feldzeichen den Drachen führte), gedeutet werden. Sofern der Mithraskult im christlichen Sinne als Drachen (= das Böse) aufgefasst und seine Zerstörung folglich als Sieg über den Drachen[430] uminterpretiert wird, wäre Siegfrieds Bad im Drachenblut und seine dadurch erworbene Unverwundbarkeit analog zum mithräischen Stieropfer bzw. zur miles-Weihe und Bad im Taurobolium als Übertragung des invictus-Titels von Mithras auf Siegfried erklärbar. Die Analogie Drache – Stier wird durch die Vermutung gestützt, dass Mithras im persischen Vorgängerkult ein Drachentöter war[431]. In dieser Deutung ist Siegfried somit 'Victor et Invictus'. Die durch das Lindenblatt verursachte Verwundbarkeitsstelle zwischen den Schultern Siegfrieds symbolisiert dann die Relativierung des (kaiserlichen) Invictus-Titels.

Es gibt einige archäologische Hinweise auf Beziehungen oder zumindest Kontakte der frühen Merowinger mit dem Mithraskult. So fand man im Grab Childerichs I. in Tournai goldene Bienen und einen goldenen Stierkopf[432], beide mithräische Symbole[433]. Der aufgefundene Stierkopf lässt die Vermutung zu, dass der Stier als Emblem für die ersten Merowinger bedeutsam war[434]. Vor allem in Monumenten im Donau- und Rheingebiet kommt der heldenhafte Kampf des Mithras gegen den Stier zur Darstellung[435]. Die Christen haben den Mithraskult mit allen Mitteln bekämpft und im wirklichen Sinn des Wortes „verteufelt", da manche christlichen Höllen-, Dämonen- und Teufelsdarstellungen mithräischen (Tier-)Symbolen ähneln. Auch könnte das Wort 'Nibelungen' mit dem Mithras-Kult in Verbindung gebracht werden, da die Mithras-Anhänger bei ihren Kulten *Weihrauch* verwendeten[436], mit dem sie ihren Kultraum sozusagen 'vernebelten'. Ein besonders interessanter Hinweis auf Beziehungen der Franken zum Mithraskult findet sich in einem den Sicambrern (Vorläufer der ripuarischen Franken) zugeschriebenen Wappen, welches Fugger/Birken (1658, S.14) zitieren. Dort sieht man drei Kronen, aus denen phrygische Mützen wachsen. Die phrygische Mütze ist ein Hauptsymbol des Mithras[437]. Das Ende des Mithraskultes, d.h. die Zerstörung von Mithräen und die Verfolgung von Mithras-Anhängern fällt in die Zeit nach Konstantin, also ins 4. Jh.

Das im Epos wichtige Staatssymbol 'Lanze' bzw. Speer' spielt bei Hagens Darstellung von Siegfrieds Kampf gegen Nibelung/Schilbung und Drachenkampf noch keine Rolle. Erst als Mordwaffe gegen Siegfried ist der Speer Teil des weiteren Handlungsgeschehens. Im frühen Frankenreich ist der Speer ein wichtiges Herrschaftssymbol. Bei

---

429 Merkelbach 2005, S. 219; Widengren 1961, S. 52
430 vgl. Clauss 1990, S. 175 ff.; Strohm 2008, S.17 ff.
431 Strohm 2008, S. 166 ff.
432 Administration Communale de Tournai 1983, Nr. 37, S. 57 f.
433 Merkelbach 2005, S. 88 ff., S. 9 ff.
434 vgl. Hartmann 2003, S. 41
435 Vermaseren 1965, S. 63 ff
436 Merkelbach 2005, S. 101, 103, 139
437 Ulansey 1989, S. 26

Gregor v. Tours symbolisiert er die Übergabe der Herrschaft in Burgund an Childebert II.[438]. Analog kann der Speer als Mordwaffe in den Rücken als symbolische Devestitur[439], d.h. als Beendigung der Herrschaft bzw. Absetzung des Herrschers gedeutet werden (s. dazu u.). Im Mittelalter ist die siegverleihende Longinus-Lanze, die Heinrich I. im Jahre 926 von dem burgundischen König Rudolf II. erworben hat[440], eine der wichtigsten Reichsinsignien.

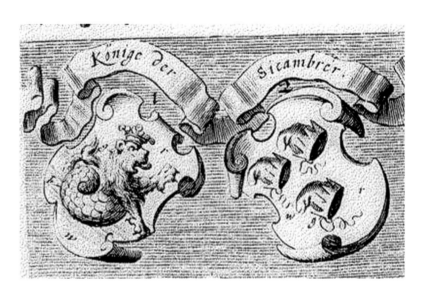

Abb. 52: Wappen der Sicambrer bei Fugger/Birken

In seiner Darstellung von Siegfrieds Doppelsieg über Nibelung und Schilbung, den Königen im Nibelungenland, fällt auf, dass Hagen zwar den Treueeid der Nibelungen erwähnt, eine Krone oder gar eine Krönung Siegfrieds jedoch außer acht lässt. Von Siegfrieds Krone spricht der Dichter nur im Zusammenhang mit dem Königreich Siegmunds von Xanten. Dem Dichter geht es offenbar um das *Ideal des heroischen Erbkönigs*, d.h. der Kombination von Heldenverdiensten und dem Erbanspruch, den er nur für Siegmunds Reich anerkennt. Siegfrieds Heldenverdienste sind sozusagen Zusatztitel, die Siegfried in jedem Falle nicht im Reich seines Vaters, sondern im Nibelungenland erwirbt. Nach der Tötung der Erben des Königs Nibelung, der beiden Brüder Nibelung und Schilbung ist dort das Erbrecht erloschen, d.h. Siegfrieds Herrschaft legitimiert sich dort nur durch seine Verdienste. Die Anerkennung seiner Herrschaft ruht sozusagen auf zwei Säulen, im Königreich von Xanten auf der Erbkrone und im Nibelungenland auf seinem Heldencharisma. Der Dichter konkretisiert das Ideal des heroischen Erbkönigs somit in Gestalt einer Personalunion zweier Länder.

---

438 Hofmeister 1908, S. 5
439 Begriff von Schneider 1972, S. 220
440 Hofmeister 1908, S. 5, 9, 16 f

Das Szepter war in merowingischer Zeit noch nicht in Gebrauch[441]. Die in Str. 1124 genannte Wünschelrute als Teil des Hortes und als Herrschaftssymbol[442] ist vielleicht eine Anspielung auf das Szepter[443], zumal die gleichnamige Machtinsignie des Pharao Ähnlichkeiten aufweist.

Der Thron als Herrschaftssymbol bleibt im ganzen Epos unerwähnt. Für den merowingischen bzw. austrasischen Herrschaftsbereich gibt es im 6. Jh. nur *einen* Beleg eines Thronsetzungsaktes, nämlich Gunthramns symbolische Überreichung einer Erbanwartschaft auf den eigenen Thron an Childebert II.[444].

Abb. 53: Siegelring Childeberts II. (byzantinische Form)

Zusammenfassend handelt es sich bei der Geschichte von Siegfrieds Doppelsieg über Nibelung/Schilbung und den Drachensieg um eine historiographische Literarisierung der Machtsymbole der austrasischen Könige des 6. Jh. Im Zentrum der Geschichte stehen der Victor-Titel (= Sieger) und der Pacator bzw. Pacificus-Titel (= Friedensbringer), der allegorisch als Drachentöter (Drache = Krieg) präsentiert wird. Der Name 'Siegfried' kann als eine Zusammenziehung dieser beiden Titel gesehen werden und kann als Äquivalent des römischen Augustus-Titels gelten. Siegfrieds Unverwundbarkeit nimmt Bezug auf den invictus-Titel und dessen Relativierung durch Konstantin. Die herausgearbeiteten Herrschaftssymbole sind zwar römischen Ursprungs, gehören jedoch der fränkischen Begriffs- und Vorstellungswelt an. Inhaltlich vermengt die Geschichte Informationen aus drei Bereichen, dem politisch-symbolischen Bereich, dem Bereich des frühmittelalterlichen Bergbaus, d.h. der Erzgewinnung, Eisenverarbeitung und Waf-

---

441 Dahn 1895, S. 489
442 vgl. Lecouteux 1993, S. 175
443 Wunderlich 2007, S. 170
444 vgl. Schneider 1972, S. 213

fenproduktion und dem mystischen Bereich des Mithraskultes. Die Darstellung von Siegfrieds Herrschercharisma entspricht vermutlich dem Anliegen, im ostfränkischen Reich eine eigenständige Begründung insbesondere des victor-Titels zu liefern, um dem Kaiser in Byzanz symbolisch Gleichrangigkeit zu demonstrieren. Theudebert I. war der erste austrasische König, der im Vertrauen auf seine militärische Stärke in seiner Münzprägung bzw. der Einprägung des 'victor' die Gleichrangigkeit gegenüber dem oströmischen Kaiser betonte[445]. Nach Münzfunden zu schließen haben seine Nachfolger, die austrasischen Könige Sigibert I. (s.o.) und sein Sohn Childebert II.[446], dieses Anliegen weitergeführt. Gregors v. Tours Epitheton „Novus Constantinus", welches er in panegyrischer Absicht Chlodowech nach dessen Taufe zuschreibt, ist ein weiterer Beleg für diese Politik der austrasischen Könige.

---

445 Eckhardt 1959, S. 49
446 s. Münze Childeberts II., auf deren Rückseite eine Victoria dargestellt ist (vgl. Blanchet & Dieudonné 1912, S. 201). S.a. den Siegelring Childeberts, dessen Form der traditionellen Gestaltung kaiserlicher Ringe in Konstantinopel entspricht (Weber 2007, S. 67, Anm. 154, 145f., 168)

IV. Siegfried, das Ideal des heldischen Herrschers, und Austroburgund

Childebert II., König von Austroburgund

Die Untersuchung von Siegfrieds Wappen und Heldencharisma hat eine symbolische Verknüpfung aus Verdiensten, welche Königswürde und Kaiserwürde symbolisieren, und seinem durch Erbschaft legitimierten Thronfolgeanspruch ergeben. Diese Kombination repräsentiert die mittelalterliche Vorstellung des idealen Herrschers, der sein Erbe zu Recht hat, weil er überragende heldische Tugenden verkörpert[447]. In historischer Bezugnahme konkretisiert sich dieses Herrscher-Ideal im NL in einer Kombination der austrasischen Staatssymbolik und dem burgundionischen bzw. Sigismunds Kron-Erbe. Im 6. Jh., also der Epoche Sigismunds und Sigiberts, kommen nur zwei historische Gestalten in Betracht, auf die sich diese beiden Merkmale anwenden lassen, einmal auf Sigerich, den Sohn und Nachfolger Sigismunds aus der Ehe mit Ostrogotho und zweitens auf Childebert, den Sohn des merowingischen Königs Sigibert I. von Austrasien und seiner Ehegattin Königin Brunichildis, der von dem merowingischen König Gunthramn als Thronfolger in Burgund adoptiert wurde.

Über Sigerich, den Sohn Sigismunds aus erster Ehe, der Ehe mit Osthrogoto, einer Tochter Theoderichs ist nicht viel überliefert. Er war ein stolzer, unternehmungslustiger Jüngling[448], der seine beiden Großväter bewunderte und sich in großburgundischen Träumen erging[449]. Zunächst Arianer trat Sigerich im Jahre 517 zum katholischen Glauben über[450]. Nach dem Tod seiner Mutter Ostrogotho im Jahre 518/520 heiratete sein Vater Sigismund ein zweites Mal, aber nicht standesgemäß. Die zweite Ehefrau, Sigerichs Stiefmutter, war eine Hofdame der 1. Ehefrau gewesen. Ihr Name war Constanze[451]. Zwischen Sigerich und seiner Stiefmutter entwickelte sich ein schwerer Konflikt, der in einer Intrige der Stiefmutter gipfelte. Sie schwärzte ihren Stiefsohn bei Sigismund an, indem sie behauptete, er wolle die Krone und das Reich für sich gewinnen. Daraufhin ließ sein Vater Sigismund ihn töten[452]. Sigerich wurde im Königspalast von Lyon im Jahre 522 umgebracht[453]. Der Ort ist außer Zweifel, denn Gregor v. Tours (Lib. III, 5) bemerkt ausdrücklich, „Sigismund sei nach Lyon zurückgekehrt, nachdem er für sein Verbrechen Buße zu Agaunum getan habe"[454]. Aus bitterer Reue über den Sohnesmord hat Sigismund den ewigen Lobgesang (laus perennis) zu Agaunum gestiftet und das Kloster reich

---

447 vgl. Müller, J.-D. 1998, S. 177
448 Derichsweiler 1863, S. 90
449 Boehm 1944, S. 27
450 Jahn 1874 II, S. 43
451 bestritten; Jahn 1874 I, S. 152, Fußn. 2; II, S. 48, Fußn. 2
452 Gregor v. Tours Lib. III, 5; Jahn 1874, 48 f
453 Jahn 1874, S. 48
454 vgl. Jahn 1874 II, S. 48, Fußn. 2

dotiert[455]. Aufgrund der spärlichen Informationen über Sigerich ist eine weitergehende Beweisführung nicht möglich. An dieser Stelle sei darauf hingewiesen, dass sein Grab bis heute unbekannt ist. Sein Vater, der nach den Quellen den Mord bitter bereut hat, und sogar eine Bußandacht im Gedenken an seinen Sohn einführen ließ, hat mit hoher Wahrscheinlichkeit für eine standesgemäße Grablege seines Sohnes gesorgt. Dieses Grab müsste in der Gegend von Vienne bzw. Lyon oder auch in Genf, vielleicht auch in St. Maurice d'Agaune zu finden sein.

Abb. 54: König Gunthramn adoptiert Childebert II., © BNF

---

455   Jahn 1874 II, S. 294, Fußn.; 298 f.

Die andere Person, auf die das Ideal des heldischen Herrschers zutreffen könnte, ist der Sohn Sigiberts und der Brunichildis. Sein Name ist der um 570 geborene Childebert. Sigiberts Gefolgsmann Gundowald[456] rettete ihn nach dem Tod seines Vaters Sigibert vor dem Zugriff Chilperichs. Mit der Erhebung des 5jährigen Childeberts zum König an Weihnachten 575[457] konnte die Unabhängigkeit Austrasiens und die Kontinuität der Dynastie gewahrt werden. Da er noch minderjährig war[458], führte der austrasische Adel in Person Gogos bis zu seinem Tod im Jahre 581 für ihn die Regentschaft. Im Jahre 577 adoptierte der fränkische Burgunderkönig Gunthramn, dessen Söhne kurz hintereinander gestorben waren, Childebert[459]. Nach der Ermordung Chilperichs I. im Jahre 584 brach dessen Reich zusammen. Die Austrasier besetzten Soissons und begrenzten den Einfluss des minderjährigen Sohnes Chilperichs Chlothar II. auf wenige Bereiche seines einstigen Reiches, das seitdem den Namen Neustria führte[460]. Gunthram und Childebert trafen sich im Jahre 585 erneut. Dabei erklärte Gunthramn seinen Adoptivsohn Childebert für volljährig und überreichte ihm symbolisch einen Speer zum Zeichen der Verleihung des Erbanspruchs auf die burgundische Krone.

Interessant ist, dass Gunthramn Childebert in diesem Ritual als „*vir magnus*" aufwertete, ihm also ein typisches Hoheitsprädikat aus römischer Tradition zuordnete[461]. Gregor v. Tours überliefert für die Folgezeit mehrere Mordanschläge des austrasischen Hochadels gegen den König und die Regentin. Einem sehr gefährlichen Anschlag kam Gunthramn auf die Spur und unterrichtete Brunichildis davon. Childebert reagierte sofort und ließ die Verschwörer hinrichten[462]. Daraufhin kam es zu einer weiteren Festigung der Beziehungen zwischen König Gunthramn und der Königin Brunichildis im Vertrag von Andelot im Jahre 586[463], in welchem der Adoptionsvertrag von 577 bekräftigt und verschiedene Erbstreitigkeiten geklärt wurden. Der Vertrag kam schließlich im Jahre 593 mit dem Tod Gunthramns zur Anwendung und führte zur Vereinigung von Austrasien mit Burgund, d.h. zu der Personalunion 'Austroburgund'. Childebert II. regierte diesen Staat allerdings nur 3 Jahre. Er kam im Jahre 596 gewaltsam ums Leben, vielleicht als Opfer eines Attentats[464]. Sein Grab ist unbekannt.

Beide, Sigerich und Childebert, verschmelzen in der Siegfried-Figur. Sigerich liefert hauptsächlich die historische Vorlage für die Sohneseigenschaft bzw. die Nachfolge Siegfrieds als Siegmunds Kronenerbe. Merkwürdig ist das demonstrativ gute bzw. gütige Verhältnis Siegmunds gegenüber seinem Sohn Siegfried im NL. Nach der Lektüre des

---

456 Offergeld 2001, S. 201 ff.
457 Weihnachten 575, vgl. Offergeld a.O.; Ewig 1997, S. 44
458 vgl. Offergeld 2001, S. 201 ff.
459 Gregor v. Tours V, 17; Schneider 1972, S. 118 f.
460 Ewig 1997, S. 47
461 Gregor v. Tours VII, 33; Offergeld 2001, S.206; Wolfram 1973, S. 44 ff., 46; s.a. Lautenbach 2002, S. 774
462 Ewig a.O., Offergeld 2001, S. 211
463 Gregor v. Tours IX, 20; Schneider 1972, S. 124 ff.
464 Ewig 1997, S. 50

NL würde wohl niemand auf den Gedanken kommen, dass dieser gütige Vater seinen eigenen Sohn töten könnte. Möglicherweise ist es dieser Eindruck, den der Dichter des NL erzeugen wollte. Seine idyllische Schilderung des Xantener Königshofes legt die Annahme nahe, dass es ihm u.a. darauf ankam, die historische Realität des Sohnesmordes Sigismunds umzudrehen und den Makel auf eine andere Figur zu verschieben. So ermöglicht die Verschmelzung Sigerichs mit Childebert II. zweierlei: Einmal die Rehabilitierung des hl. Königs Sigismund vom Vorwurf des Sohnesmordes und zweitens ein Fanal gegen die fränkische Oberherrschaft in Burgund. Mit der Wahl des Namens Hagen wird der Mord mit dem 'Chagan' in Verbindung gebracht, einer dunklen, missliebigen Figur aus dem Dunstkreis des damaligen Angstgegners der Bevölkerung Mitteleuropas, dem Führer der Awaren. Die Hagen-Figur verdeckt vermutlich den Hausmeier Warnachar, einen einflussreichen Gegner der Königin Brunichildis (s.u.).

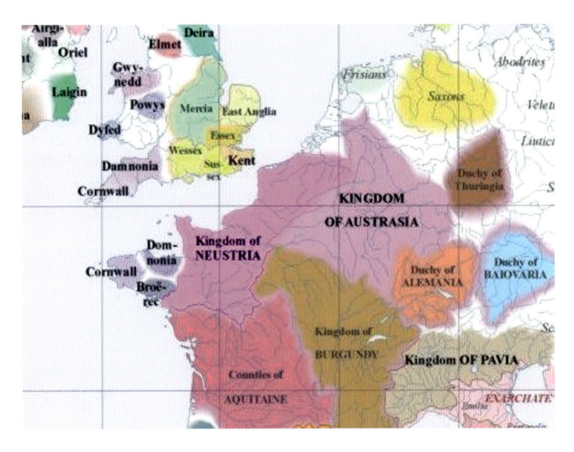

Abb. 55: Karte von Austrasien und Burgund im 6. Jh.

Childebert II. und Siegfried im Vergleich

• Wie Siegfried an den burgundischen Königshof König Gunters nach Worms, so kommt Childebert *von außen* nach Burgund zu König Gunthramn. Das im Nibelungenland – und *nicht in Burgund* – gewonnene Helden- bzw. Herrschercharisma (s.o.) bringt er bereits mit. Die Nibelungen haben Siegfried den Treueeid geschworen (s. Str. 94/95), ihn aber nicht zu ihrem König erhoben. Stattdessen bestellt Siegfried einen Regenten (Alberich), der den gewonnenen Hort verwalten soll (Str. 98/99). Obwohl Alberich den Treueeid geschworen hat, wagt er einen Aufstand. Siegfried kämpft erneut mit ihm, als er im Nibelungenland Truppen ausheben wollte (8. Av., Strn. 493-503). Nach Siegfrieds Sieg und der Anerkennung seiner Oberherrschaft leistet Alberich den Treueeid zum zweiten Mal (Str. 500). Als minderjähriger König führte Childebert II. zwar alle austrasischen Machttitel und Symbole der Herrschaft seines Vaters Sigibert; er regierte jedoch nicht. Stattdessen herrschte eine Regentschaft des Hochadels, zunächst unter dem Hausmeier Gogo bis 581, dann Wandalenus[465]. Gegen Childebert und seine Mutter gab es einige Verschwörungen des Hochadels, zuletzt die von Rauching im Jahre 587[466]. Später gewann seine Mutter, die Königin Brunichildis wieder an Einfluss[467].

• In der 2. Hochzeitsnacht zwischen Gunther und Brünhild bezwingt Siegfried Brünhild, indem er ihr den Zaubergürtel raubt (Str. 676 und 677). Zwar bemüht sich der Dichter darzustellen, dass Siegfried nur Brünhilds Gegenwehr bricht, ohne das Vorrecht des Ehemanns Gunther zu verletzen. Die Wegnahme des Gürtels symbolisiert jedoch die Entjungferung durch Siegfried. Dass Siegfried Brünhilds erster Mann war, wird u.a. indirekt durch die Namenswahl „Siegfried" für Brünhilds Sohn angedeutet (Str. 718). In historischer Hinsicht klingt hier einerseits an, dass der Sohn der Brunichildis der leibliche Sohn Sigiberts von Austrasien, nämlich Childebert ist, andererseits, dass Gunther bzw. Gunthramn diesen Sohn Sigiberts *adoptiert*. Childebert ist beides: Sigiberts leiblicher und Gunthramns adoptierter Sohn. Die Symmetrie in der Namenswahl nach den jeweiligen Oheimen bei den Söhnen von Gunther/Brünhild und Siegfried/Kriemhild (Str. 716 und 718) zitiert den Vertrag von Andelot, in welchem sich Oheim und Neffe gegenseitig zu Erben einsetzen[468].

Der Dichter macht die Hochzeit bzw. Adoption mit den Mitteln burlesker Dichtung und der Anwendung des Motivs „Vergil im Korb" lächerlich, indem er Gunther als einen seiner Ehefrau unterlegenen Schwächling darstellt. Gemeint ist König Gunthramn, der mit der Adoption Childeberts den machtpolitischen Schachzügen der Königin Brunichildis nachgibt. Es handelt sich um die Strophenfolge 637-642, wonach Brünhild Gunther in einem Netz am Fensterkreuz aufhängt und ihn erst wieder freigibt,

---

[465] Ewig 1997, S. 44, 45; 1952, S. 681 f.
[466] vgl. Dahn 1883, S. 409; Gregor v. Tours V, 3 und VIII, 26,29
[467] Ewig 1997, S. 48
[468] Ewig 1997, S. 48

nachdem er zusagt, sie nicht mehr anrühren zu wollen. Ähnliches passiert Vergil, dargestellt im Maltererteppich aus dem 14. Jh. (Augustinermuseum Freiburg):

Szene: Vergil hat sich in eine junge Römerin verliebt und verabredet mit ihr eine nächtliche Zusammenkunft. Die Angebetete will Vergil in einem Korb zu ihrer Kemenate heraufziehen, lässt ihn jedoch auf halber Höhe hängen, um ihn dem Spott der Menge auszusetzen[469].

Abb. 56: Maltererteppich im Augustinermuseum Freiburg i.B. (Bild 7): Geschichte von Vergil im Korb; auch in der Manessischen Liederhandschrift (Tafel 31)[470]

---

469   Eissengarten 1985, S. 23 und 28; Frenzel 1976, S. 7; Wegner 1992, S. 188
470   vgl. Künstle 1928, S. 178

Die Legende, eine Spielart des Topos von den „Minnesklaven"[471], ist zuerst beschrieben in der Weltchronik des Jansen Enikel um 1280[472], dürfte aber auf eine ältere mündliche Tradition in der höfischen Sphäre des Minnesangs und der Troubadourromantik zurückgehen[473]. Ihre Wurzel liegt vermutlich in der römisch-antiken Sitte der Fescenninen, ausgelassene Lieder, die begleitend zum ernsten Hochzeitsgedicht (Epithalamus) unmittelbar vor der Hochzeitsnacht den Bräutigam verspotten und die Ohren der Braut mit obszönen Worten vollstopfen sollen[474].

• Wie König Gunthramn Childebert II. im Jahre 585 zum *vir magnus aufwertete* (Gregor v. Tours VII, 33), so erklärt Gunther über Siegfried bei seiner Ankunft in Worms, dass er edel und tapfer sei und Anspruch darauf habe, im Lande der Burgunden geachtet zu werden (Str. 104). Die Geschichte von Siegfrieds Kampf mit Nibelung und Schilbung (Hortgewinn) sowie der Drachenkampf, also die als Verdienste dargestellten austrasischen Staatssymbole, lassen sich dann als panegyrisch-hyperbolische Begründung für die Bezeichnung Childeberts als „vir magnus" deuten. Gunthramns Worte vor einer Versammlung von Bischöfen in Orléans über den 14jährigen Childebert: „Nur um eines bitte ich euch [...], dass ihr für meinen Sohn Childebert in eurem Gebet die Barmherzigkeit des Herrn anfleht. Denn er ist verständig und tüchtig; seit langer Zeit möchte kaum ein so umsichtiger und tapfrer Mann gefunden worden sein, wie er" (Gregor v. Tours VIII, 4[475]) sind wohl die Ausgangsbasis für Hagens historiographische Panegyrik (s.o.). Siegfrieds Heldencharisma umfasst realgeschichtlich die Herrschaftssymbole des austrasischen Königtums. Childeberts Erhebung zum König (575) im Alter von fünf Jahren (geb. 570) geht symbolisch einher mit der Übertragung der austrasischen Machttitel, die von seinem Vater Sigibert und zuvor von Theudebert I. (Victor-Titel) geführt worden sind. Die Formulierung im NL „Ich bin auch ein Recke und sollte schon Krone tragen" (Str. 109) spielt auf die Volljährigkeitserklärung Childeberts bzw. die o.g. 'laus childeberti' an.

• Gunthramn warnt Childebert vor dem Einfluss seiner Mutter Brunichildis (Gregor v. Tours VII, 33; VIII, 4). Im NL warnt Siegfried Gunther vor der Stärke der Brünhilde (Str. 330)

• Gunthers Werbung um Brünhild sowie seine Heirat im NL spiegelt die *politische Annäherung zwischen Grunthramn und Brunichildis im Adoptionsvertrag* von Pompierre (577), in Gunthramns Aufdeckung einer Verschwörung gegen Childebert und Brunichildis und im Vertrag von Andelot (587)

• Zwischen Childebert II. und Chilperich I. (Neustrien) kommt es bis zu dessen Er-

---

471 Maurer 1953, S. 184
472 s. Strauch 1900, Verse 23880-23915, S. 465 f.
473 Koch 1959, S. 107
474 Keydell 1962, S. 931; Horstmann 2004, S. 101 ff. (Beispiele)
475 s.a. Offergeld 2001, S. 206, 207, Fußn. 531

mordung (584) zu schweren Auseinandersetzungen, welche die *Todfeindschaft zwischen Brunichildis und Fredegunde* reflektieren. Im NL taucht dieser Konflikt im Streit der Königinnen (senna) auf.

• Gunthramn hat gegenüber Childebert einen *Suprematie-Anspruch* erhoben (vgl. Gregor von Tours VII, 13), den er erst mit der Volljährigkeitserklärung 585 aufgab[476]. Wahrscheinlich ging es ihm dabei um die Erringung der Oberherrschaft über das gesamte Frankenreich[477]. Dieser Suprematie-Anspruch spiegelt sich im NL, wo Gunther Siegfried mit dessen Einverständnis (Standeslüge) als Dienstmann behandelt.

• Childebert kommt wie Siegfried *gewaltsam* ums Leben (März 596). Nach einem – unverbürgten – Bericht ist er von seiner Gattin Faileuba vergiftet worden[478]. Diese Information könnte sich im NL finden, wenn man Kriemhilds Aufnähen eines Kreuzchens auf Siegfrieds Wams zur Kennzeichnung von dessen verwundbarer Stelle (Str. 903-905) als eine hinterhältige Intrige gegen ihren Ehemann deutet.

• Der Speer ist in merowingischer Zeit neben dem Diadem auch ein Symbol der Übertragung der Herrschaft. So übergibt Gunthramn im Jahre 577 und nochmals 585 an Childebert II. den Anspruch auf die Thronfolge in Burgund[479], indem er ihm symbolisch einen Speer überreicht (vgl. Gregor v. Tours V, 17 und VII, 33[480]). Auch Hagens Speer ist als Herrschaftssymbol zu deuten[481]. Indem Hagen Siegfried tötet, wird die Symbolik der Übergabe der Herrschaft in ihr Gegenteil verkehrt. Die Tötung Siegfrieds mittels Speer ist somit die symbolische Beendigung von dessen Herrschaftsanspruch (Devestitur), zumal Gunther die Tötung zwar nicht aktiv betreibt, aber billigt. Realgeschichtlich lässt sie sich als gegen die Adoption Childeberts und dessen Thronfolge in Burgund gerichtet deuten. Den Wunsch nach einer Beendigung der fränkischen Herrschaft in Burgund hat hauptsächlich die Adelsfraktion, die eine Wiederherstellung des 1. Königreichs Burgund, des Reiches Sigismunds zum Ziele hat (vgl. dazu oben).

• Der Rachefeldzug Kriemhilds gegen Hagen im NL zitiert die Rachepolitik der Königin Chrotechildis gegen das 1. burgundische Königreich, die Rachepolitik der Königin Brunichildis gegen ihre Gegenspielerin Fredegunde sowie die Auseinandersetzung 'Brunichildis' mit dem Hausmeier Warnachar, der, obzwar Franke[482], dem burgundionischen Hochadel nahestand[483]. Ihm gelingt es, einen Teil des austrasischen Adels auf seine Seite zu ziehen und so die Machtbasis der Königin Brunichildis entscheidend zu schwächen.

---

476 Offergeld 2001, S. 212
477 vgl. Schneider 1972, S. 116 f
478 Dahn a.O., S. 472; vgl. Hartmann 2003, S. 66
479 vgl. Hofmeister 1908, S. 5
480 Schneider 1972, S. 119
481 vgl. Hofmeister 1908, S. 32, 34
482 vgl. Ebling 1974, S. 236
483 Ebling 1974, S. 235 f.

Nach dem Tod Childeberts II. wurde Austroburgund wieder aufgeteilt. Sein erstgeborener Sohn Theudebert II. erhielt Austrasien und sein Sohn Theuderich II. Gunthramns Burgunderreich (Fredegar IV, 16). Als fatale Hypothek erwies sich, dass dem burgundischen Reich Theuderichs die Provinzen Saintois (Moselland), Elsaß und Thurgau zugeschlagen wurden, die ursprünglich austrasische Gebiete waren[484]. Da der austrasische König Theudebert II. diese Abtrennung nicht akzeptierte, entwickelte sich über diese Frage ein schwerer Konflikt. Obwohl die Brüder anfänglich gut kooperierten und sich gegen Neustrien bzw. Fredegunde und ihren Sohn Chlothar II. gut behaupten konnten, zerbrach ihre Allianz allmählich. Zuerst siegten die beiden Söhne Childeberts über Chlothar II. (Fredegar IV, 20). Dann jedoch bekämpften sie sich gegenseitig. Theuderich besiegte Theudebert in der Ebene vor Toul, entmachtete ihn vollständig und wurde so zum austrasischen König[485]. Damit stellte Theuderich das austroburgundische Reich Childeberts II. unter burgundischer Oberhoheit wieder her. Kurze Zeit später kam es zum Konflikt zwischen Theuderich und Chlothar II. Während eines Feldzuges gegen Neustrien starb Theuderich an der Ruhr[486]. Daraufhin drang Chlothar in Austrasien ein. Brunichildis gelang es aufgrund einer Verschwörung ihres Hausmeiers Warnachar[487] nicht mehr, einen organisierten Widerstand auf die Beine zu stellen. Sie verlor in Austrasien wie auch in Burgund jede Autorität und wurde mit ihren Urenkeln gefangengenommen. Damit war der Weg für Chlothar II. frei, die Gesamtherrschaft im Frankenreich zu übernehmen. Brunichildis wurde zum Tode verurteilt und im Jahre 613 auf der Festung Renève (bei Dijon) grausam hingerichtet[488].

Die Verschmelzung Sigerichs und Childeberts oder m.a.W. die Personalunion von Austrasien und Burgund überdauerte den Untergang Childeberts als ein politisches Paradigma, welches abgekürzt als „Austroburgund" bezeichnet werden kann. Mit diesem Paradigma war ein fränkischer Machtanspruch verbunden, gegen den eine einflussreiche burgundische Adelsfraktion vehement opponierte. Ihr Anliegen war die Wiedererrichtung des 1. unabhängigen Königreiches Burgund (regnum burgundiae), das im Jahre 534 von den Franken annektiert worden war. König Sigismund war als 'rex und martyr' ihre politische Symbolfigur, da er in der Reihe der burgundionischen Könige durch sein Martyrertum und seine ihm zugeschriebene lex Burgundionum der wichtigste Repräsentant des regnum Burgundiae war. Ihre autonomistische bzw. nationalburgundische Sichtweise hat den Nibelungenstoff ursprünglich geprägt.

Mit der Einverleibung Burgunds als Reichslehen im Jahre 1032 erfährt das ursprüngliche nationalburgundische Staatsideal Burgund vermutlich eine Umdeutung und Anpassung an die Verhältnisse im Deutschen Reich. Der Dichter des schriftlichen

---

484   Fredegar IV, 37; Ewig 1997, S. 50 f.; Hartmann 2003, S. 66;
485   Fredegar IV, 38; Ewig 1997, S. 51
486   Fredegar IV, 39
487   Fredegar IV, 41 und Fußn. 12
488   Fredegar IV, 42

Abb. 57: (Luftbild): Spuren der Festung Renève bei Dijon

Nibelungenliedes verlegt das Epos schließlich in die politische Szenerie der Stauferzeit, ohne die ursprünglichen nationalburgundischen Bezüge herauszunehmen. Er trägt der Entwicklung Sigismunds zum Reichspatron und zu einer der Symbolfiguren des mittelalterlichen Ordo-Gedankens Rechnung. In dieser Kennzeichnung ist Siegmunds idyllisches Königreich in Xanten (2. Aventiure), in dem der Adel einflusslos ist, sein literarisches Plädoyer für den staufischen Erbreichsplan. Die Familie des Königs von Xanten, Siegmund, Sieglinde und ihr Sohn Siegfried, ist eine Chiffre für Kaiser Friedrich Barbarossa und Kaiserin Beatrix, auch König und auch Königin von Burgund, und ihren Sohn Heinrich VI., der als designierter Thronfolger und Erbmonarch gedacht ist. Hauptort des Geschehens ist Worms, die Stadt der Reichstage zur Stauferzeit. Die literarische Abwertung des merowingischen Machtgerangels wird folgerichtig auf das Fehderecht des Adels und das mittelalterliche Racheunwesen übertragen. Der Zug der Burgunden nach Osten, die Rachestrategie Kriemhilds und der Untergang der Burgunden in der Saalschlacht sind eine didaktisch gemeinte Warnung vor den Partikularinteressen und Eigenmächtigkeiten des Reichsadels. Ex negativo ist das Epos ein Aufruf für die Begrenzung des Fehderechts des Adels und für die Erlangung eines allgemeinen Landfriedens etwa nach dem Motto „So sieht die Katastrophe aus, die wir verhindern müssen und mit der Schaffung einer Erbmonarchie auch verhindern können." Nach dem Scheitern des Erbreichsplanes und dem Niedergang des staufischen Kaisertums geriet dieser Sinn des Nibelungenliedes allmählich in Vergessenheit. Von da an entwickelt sich das Epos schon im späteren Mittelalter und ganz explizit nach seiner Wiederauffindung zum literarischen Paradigma allgemein-menschlicher Eitelkeiten und den damit verbundenen tragischen Konsequenzen, wie wir es heute kennen.

Resumée

Siegfrieds Wappen wird im Nibelungenlied als Erbwappen zwar erst von Liudeger in Str. 215 als „König Siegmunds Sohn" im Sachsenkrieg genannt; es ist jedoch auch schon bei der Ankunft Siegfrieds in Worms präsent, wo Hagen Siegfried als „Helden aus Niederland" (Str. 90) und als „Sohn eines mächtigen Königs" identifiziert (Str. 103). Realgeschichtlicher Bezug des Wappens ist der burgundische König Sigismund. Hagens Erzählung von Siegfrieds Doppelsieg über Nibelung/Schilbung und seinem Drachensieg ist eine historiographisch-literarisierte Darstellung der Staatssymbolik des austrasischen Königtums. Siegfried erwirbt sich sein Heldencharisma in jedem Falle nicht in Burgund, sondern in fränkischem bzw. austrasischem Gebiet, zu dem „niderlant" und das von Siegfried eroberte Nibelungenland gehören. Siegfrieds Heldencharisma setzt sich zusammen aus dem Doppelsieg über Nibelung und Schilbung und dem Drachensieg (victor-Titel), dem Tarnmantel (Chlodwigs vestis regia), dem Schwert Balmung (Symbol der Gerichtsbarkeit), dem Hortgewinn (Thesaurus), der Huldigung der Nibelungen (Treueeid) und der Unverwundbarkeit bzw. Verwundbarkeit an einer Stelle (invictus-Titel bzw. Achilles-Motiv). Diese Verdienste sind römische Herrschaftssymbole und zählen zur Titulatur des oströmischen Kaisers, die in panegyrisch überhöhter Metaphorik in die germanische Begriffs- und Vorstellungswelt übertragen sind. Mit der Zuordnung von Siegfrieds Helden-Charisma, welches seine Eignung für das höchste Staatsamt (Idoneität) begründet, zu seinem Erbwappen (Sigismunds Krone) knüpft Hagen bzw. der Dichter an das mittelalterliche Ideal des heldisch-tugendhaften Herrschers an, nach dem ein guter Herrscher auch der beste Krieger sein soll[489].

Heraldisch gesehen repräsentiert die Siegfriedsfigur eine Kombination austrasisch-fränkischer Herrschaftssymbolik mit dem Wappen der Könige des ersten burgundionischen Königreichs, dessen Symbolfigur und bedeutendster König der martyr et rex Sigismundus war. Diese Kombination symbolisiert historisch die Personalunion von Austrasien und Burgund (= Austroburgund) unter Childebert II. (593-596), dem Sohn König Sigiberts I. von Austrasien und der Königin Brunichildis, den König Gunthramn adoptiert hatte. Die Siegfriedsfigur im NL weist mehrere Merkmale auf, von denen einige auf Sigibert und andere auf Sigismund bezogen werden können. Für die Frage der realgeschichtlichen Identifikation ist dabei jedoch entscheidend, dass Siegfried als Königssohn (Sohn eines mächtigen Königs / Sohn Siegmunds) vorgestellt wird. Die Herrschaftssymbole der Väter bzw. der Vorgänger im Königsamt gelten gleichermaßen auch für die Söhne bzw. Nachfolger, und können deshalb entsprechend auch auf deren Söhne und Nachfolger im Königsamt bezogen werden. Demnach lässt sich die Siegfriedsfigur als Verschmelzung von Sigerich (= Sohn Sigismunds) und Childebert II. (= leiblicher Sohn Sigiberts und der Brunichildis und Adoptivsohn Gunthramns) personalisieren.

Die Darstellung von Siegmunds Königshof in Xanten im NL lässt sich als Ergebnis einer Anpreisung des regnum Burgundiae, also des 1. burgundischen Reiches und

---

489   Müller 1998, S. 177

seiner Symbolfigur Sigismund im Sinne eines idealen Staates und idealen Herrschers interpretieren. Es ist die Sichtweise eines burgundionischen Nationalismus bzw. Autonomismus, die einerseits Burgund idealisiert, andererseits die fränkisch-merowingische Oberherrschaft über Burgund als übermächtig bewertet (s. Str. 50-70) und die üblen Machenschaften der merowingischen Königssippe exemplarisch anprangert. In dieser Sichtweise, die freilich nur von einem Teil des burgundischen Adels getragen wurde, ist der Mord an Siegfried mittels Hagens Speerwurf symbolisch einerseits als Reinwaschung des hl. Sigismund von seinem Mord an seinem Sohn Sigerich sowie andererseits durch den Mord an Childebert II. als Beendigung des fränkischen Herrschaftsanspruchs und Wiederherstellung der Unabhängigkeit Burgunds zu verstehen. Der Speerwurf in den Rücken Siegfrieds ist der hasserfüllte nationalistische Kommentar zu der zeremoniellen Überreichung eines Speers an den austrasischen König Childebert II. im Jahre 585, womit der frankoburgundische Herrscher Gunthramn dessen Anspruch auf das burgundische Kronenerbe bekräftigte. Die gleiche Verwünschung dürfte auch die im Jahre 926 durch den burgundischen König Rudolf II. beim Wormser Reichstag erfolgte Übergabe der Longinus-Lanze an Heinrich I. begleitet haben, welche die Übergabe Burgunds an das Reich symbolisierte[490]. Mit der Einverleibung Burgunds im Jahre 1032 in den Machtbereich des Deutschen Reiches entwickelt sich Sigismund zu einem Patron und zu einer Symbolfigur der mittelalterlichen Staatsidee. Entsprechend erfährt der Nibelungenstoff im verschriftlichten Epos 'Nibelungenlied' eine Umdeutung und Anpassung an die politische Szenerie der Stauferzeit, ohne dass eine konsequente Ausgrenzung und Überarbeitung der älteren nationalburgundischen Sichtweise erfolgte. Im Zuge dieser Umdeutung wurde das 'regnum burgundiae' als Sigmunds Königreich von Xanten zum staufischen Erbreichsideal und die grausamen Kämpfe der merowingischen Königssippe um Macht und Einfluss zur Charakterisierung der Machenschaften des Reichsadels der Stauferzeit. In Kriemhilds Rache wird das Rache- und Fehdeunwesen des Adels bis zu seinem katastrophalen Ende durchdacht und angeprangert. Ex negativo ist damit die unausgesprochene Forderung verbunden, das Fehderecht des Adels zu beschränken.

---

490 Hofmeister 1908, S. 16 f.; Schieffer 1977, S. 10

Antwort auf die Ausgangsfrage: Wer war Siegfried?

Siegfrieds Wappen bzw. Siegmunds Krone verweist auf den burgundischen König Sigismundus, der von 515 bis 524 in Burgund König war. Dieser König entwickelte sich nach seinem Tode zu einer Symbolfigur des burgundischen Königshauses und avancierte neben Mauritius zum himmlischen Patron und Garanten der staatlichen Eigenständigkeit und Unabhängigkeit Burgunds. Die Könige des zweiten burgundischen Reiches (ab 888 bis 1032) verstanden sich in seiner Nachfolge u.a. als 'reges Burgundionum' und stellten sich dadurch in die Tradition des 1. burgundischen Reiches. Das heraldische Kronenwappen symbolisiert dieses Selbstverständnis und damit den Anspruch auf Autonomie bzw. Souveränität. Siegmunds Königreich von Xanten im Nibelungenlied spiegelt den Anspruch des burgundischen Königshauses (Burgend) auf das Gebiet Xaintois (Moselland), Elsaß und Thurgau und im weiteren auf den nördlichen Teil des Mittelreiches, zuerst bekundet von Rudolf I. im Jahre 888 durch seine Krönung in Toul. Rudolfs Anspruch war insofern begründet, als das Gebiet um Toul, der Saintois bzw. Xaintois, zusammen mit dem Elsaß und dem Thurgau (Zürichgau) im Jahre 596 dem franko-burgundischen König Theuderich II. zugesprochen wurde. Außerdem besiegte Theuderich II. hier im Jahre 612 seinen austrasischen Bruder Theudebert II. und erlangte so für einige Monate die Herrschaft über Austrasien bzw. Austroburgund. Militärisch war Rudolfs Anspruch freilich nicht durchsetzbar.

Das Wort 'Siegfried' setzt sich aus den zwei germanischen Wörtern sig- und -fried zusammen, die in etwa 'Sieger' und 'Friedensbringer' bedeuten. Beide Wörter sind den römischen Kaisertiteln „Victor" und „Pacificus bzw. Pacator" äquivalent und sind Epitheta des oströmischen „Augustus-Titels". Das antike Symbol der geflügelten Nike (z.B. aus Ephesus) veranschaulicht die in römischer Tradition verankerte Verbindung der beiden Begriffe in Gestalt der von ihr in den Händen getragenen symbolischen Gegenstände 'Lorbeerkranz' und 'Palme' für Sieg bzw. Frieden. Der „Drachenbesieger" ist eine staatssymbolische bzw. christliche Allegorie, die ebenfalls beide Epitheta verbindet, einerseits Sieger-Eigenschaften wie Tapferkeit und Führungsqualität, präsentiert in der Helmzier bzw. in der Tradition des Feldzeichens der römischen Kohorte, andererseits in christlicher Tradition seit Konstantin dem Großen den Sieger über das Böse bzw. den Krieg. Der tote bzw. zertretene Drachen symbolisiert als Trophäe entsprechend die Tapferkeit und Führungsstärke des Siegers sowie den Tod des Krieges und damit den dauerhaften Frieden. Siegfrieds Unverwundbarkeit und die Verwundbarkeitsstelle zitieren den kaiserlichen „invictus"-Titel und dessen Zurückstufung hinter den christlichen victor-Titel Konstantins des Großen. 'Siegfried' verkörpert als 'fränkischer Augustus' bzw. 'novus Constantinus' den Anspruch der austrasischen Könige des 6. Jh. auf Gleichrangigkeit mit dem oströmischen Kaisertum.

Die Siegfriedfigur vereinigt auf sich das Erbe der burgundionischen Krone und zugleich die Titulatur der austrasischen Könige oder m.a.W. die Zusammenführung von Burgund und Austrasien, also Austroburgund. Ihr realgeschichtlicher Gesamttitel lässt sich in Latein, der damaligen Amtssprache, in etwa wie folgt rekonstruieren: *rex Burgundionum, rex Austrasiae, victor et invictus, invictissimus, pacificus, novus Constantinus* oder kurz: *rex augustus*. Als 'heldischer Herrscher' von Austroburgund verkörpert die Siegfriedfigur im Nibelungenlied zwei historische Siegfriede, von denen der ältere Siegfried 1 dem 6. Jh. und der jüngere Siegfried 2 dem 12. Jh. angehört. Deren Unterschiede, die im Text nicht klar genug konturiert sind, reflektieren die Karriere von Siegfrieds Vater Siegmund bzw. Sigismund von der Symbolfigur des burgundischen Autonomismus (Siegmund 1) zum Reichspatron bzw. zum Patron der staufischen Erbreichsidee (Siegmund 2). Der Übergang von Siegmund 1 zu Siegmund 2 fällt mit dem Ende des burgundischen Königtums (1032) und der damit einhergehenden symbolischen Vereinigung der Kroninsignien Burgunds und des Deutschen Reiches zusammen.

Siegfried 1 lässt sich als eine Verschmelzung zweier Personen auffassen. Die eine Person ist Sigerich, der Sohn Sigismunds von Burgund (= Siegmund 1) und seiner Frau Osthrogotho (= Sieglinde 1), die andere Person ist Childebert II., der Sohn Sigiberts I. von Austrasien und seiner Frau Brunichildis. Die Darstellung im Nibelungenlied vermengt einige Daten über diese beiden Personen mit einigen Daten ihrer Väter Sigismund und Sigibert. Childebert II. ist von Gunthramn adoptiert worden und von 593–596 König von Austroburgund, einer Vereinigung der Teilreiche Austrasien und Burgund. Die austroburgundische Personalunion Sigerich-Childebert repräsentiert auch einen Konflikt zwischen dem fränkisch-austrasischen Herrschaftsanspruch in Burgund und einer altburgundischen autonomistischen Opposition, deren Symbolfigur Sigismund ist. Der Mord an Siegfried 1 entspricht einem doppelbödigen politischen Interesse dieser autonomistischen Elite Burgunds: Einerseits Rehabilitation ihrer Symbolfigur Sigismund von seinem Sohnesmord, andererseits Abschüttelung der fränkischen Herrschaft über Burgund (Devestitur).

Hinter **Siegfried 2** steht König und Kaiser **Heinrich VI.**, (Titel: Caesar et rex bzw. imperator semper augustus, gloriosissimus bzw. invictissimus), der Sohn Friedrich Barbarossas und seiner Frau Beatrix, für die Siegmund 2 und Sieglinde 2 als Platzhalter fungieren. Siegfried 2 ist hauptsächlich in der 2. Aventiure bis zum Weggang aus Xanten präsent. Zusammen mit seinen Eltern bzw. der himmlischen Patronage Siegmunds verkörpert er vor allem die staufische Erbreichsidee. Die Hagen-Figur repräsentiert die dagegen opponierende Fraktion des Reichsadels, die der realgeschichtlichen Welfenpartei nahe stand. Der Mord an Siegfried 2 symbolisiert das Scheitern dieser Idee zur Stauferzeit.

An die staufische Erbreichsidee knüpft um ca. 1508 der habsburgische Kaiser Maximilian I. mit seinem Projekt, Österreich (Austria) mit Burgund zu vereinen und beide Länder unter der Bezeichnung 'Austrasien' zu einem Erbkönigreich zu erheben, wieder an. Die Einbeziehung von Siegfrieds bzw. Sigismunds Kronenwappen (blaue Krone im goldenen Feld), welches das Königshaus der Burgundionen symbolisiert, in das dynastische Wappen der frühen Habsburger (blau gekrönter roter Löwe im goldenen Feld) diente ihm als Nachweis der verwandtschaftlichen Abkunft des Hauses Habsburg von den burgundischen Königen und damit als genealogische Legitimationsgrundlage für die beabsichtigte Erhebung Österreichs zum Königreich. Zwar gab Maximilian sein Austrasienprojekt schon um 1510 wieder auf; die blaue Krone Sigismunds bzw. Siegfrieds Wappen ist seitdem im habsburgischen Wappen jedoch bis heute präsent.

Graphik: Realgeschichtliche Anteile der Siegfriedgestalt

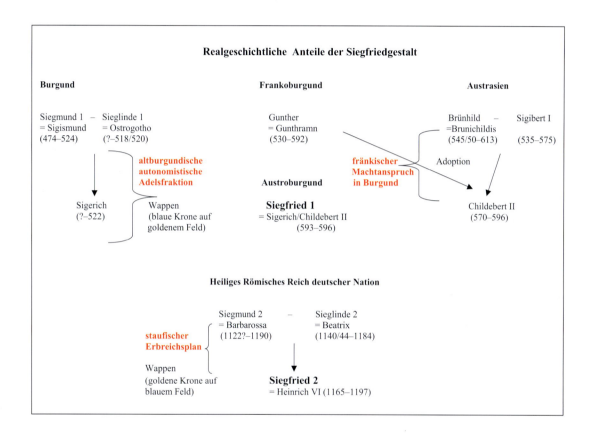

Zusammenfassung

Nach einem kurzen Überblick über die Entstehung und Entwicklung des Wappenwesens folgt eine heraldische Beschreibung von Siegfrieds Wappen bzw. Siegmunds Kronenwappen. Anschließend werden Fundstellen in der heraldischen Literatur bis in das 16. Jh. zusammengetragen, in denen Siegfrieds Wappen erwähnt und erläutert wird. Einige Quellen lassen erkennen, dass das Wappen im Mittelalter sowohl dem Königreich Austrasien als auch dem Königreich Burgund bzw. deren Könige Sigibert I. und Sigismund zugeschrieben wurde. Die Identität zwischen dem König Siegmund von Xanten im Nibelungenlied und dem burgundischen König Sigismundus lässt sich an einigen Indizien im Text, in der Biographie Sigismunds und an seiner Bedeutung im Mittelalter erläutern. Im Falle König Sigiberts ist die Identifizierung nicht so eindeutig, da das im Nibelungenlied angegebene Wappen Siegfrieds direkt auf Sigismund, nicht aber auf Sigibert verweist. Dennoch lässt sich belegen, dass wichtige Passagen im NL auf die Biographie und die mittelalterliche Bedeutung Sigiberts Bezug nehmen. Insbesondere wird herausgearbeitet, dass der Hortgewinn und Drachenkampf Siegfrieds zwar Heldenverdienste sein können, realgeschichtlich eigentlich aber Titel und Staatssymbole des austrasischen Königtums und sogar Äquivalente zur Titulatur des oströmischen Kaisers darstellen und damit auf Sigibert hindeuten. Im Ergebnis lässt sich folgern, dass beide Könige als Bezugspersonen für die Siegfriedsfigur im Nibelungenlied in Frage kommen. Sie sind jedoch die Väter der Siegfriedsfigur, denn Siegfried wird im NL als „Sohn eines mächtigen Königs" (Str. 103) und als Siegmunds Sohn (Str. 215) vorgestellt. Die Kombination von Sigismunds burgundischer Krone und der austrasischen Staatssymbolik bringt schließlich die Vermutung, dass die Siegfriedsfigur aus einer Verschmelzung des Sohnes Sigismunds, Sigerich, mit Childebert II., dem Sohn Sigiberts und der Brunichildis hervorgegangen ist. Childebert II. ist der erste und einzige König, welcher im 6. Jh. die austrasische Machtsymbolik und die Krone Burgunds gleichzeitig verkörpert, da er als minderjähriger König von Austrasien von Gunthramn, dem König von Frankoburgund, adoptiert wurde, und in der Zeit zwischen 593 bis 596 beide Staaten in Personalunion beherrscht hat. Es folgt eine Darstellung von Belegen im Text des Nibelungenliedes, welche die Annahme einer zumindest teilweisen Identität Childeberts II. mit der Siegfriedsfigur nahelegen. Die positive Schilderung des Königshofes Siegmunds von Xanten und die kritische bis negative Darstellung der – fränkischen – Protagonisten des Epos führen schließlich zu der Annahme, dass das Nibelungenlied in weiten Passagen die Sicht einer burgundischen Adelsfraktion repräsentiert, welche die fränkische Oberherrschaft über Burgund abschütteln und die Unabhängigkeit des Königreiches Burgund, dessen Symbolfigur Sigismund ist, wiederherstellen wollte. Diesen ursprünglichen Sinn des epischen Stoffes hat der Nibelungendichter des 12. Jh. in ein Plädoyer für den staufischen Erbreichsplan umgedeutet und dafür den inzwischen zum Reichspatron avancierten hl. Sigismund in Anspruch genommen. Die negative Kennzeichnung der Machenschaften der fränkischen Königssippe hat er in didaktischer

Absicht auf das wichtigste Problem seiner Zeit, das Rache- und Fehdeunwesen des Adels umgewidmet, indem er die katastrophalen Folgen eines schwachen Erbkönigs, aber auch der ungezügelten Ehrsucht und des rigorosen Rachedenkens des Adels bis zum bitteren Ende anprangert. Unausgesprochen steht die Forderung nach einer Stärkung der Monarchie und einer Begrenzung des Fehderechts des Adels zur Erlangung eines allgemeinen Landfriedens.

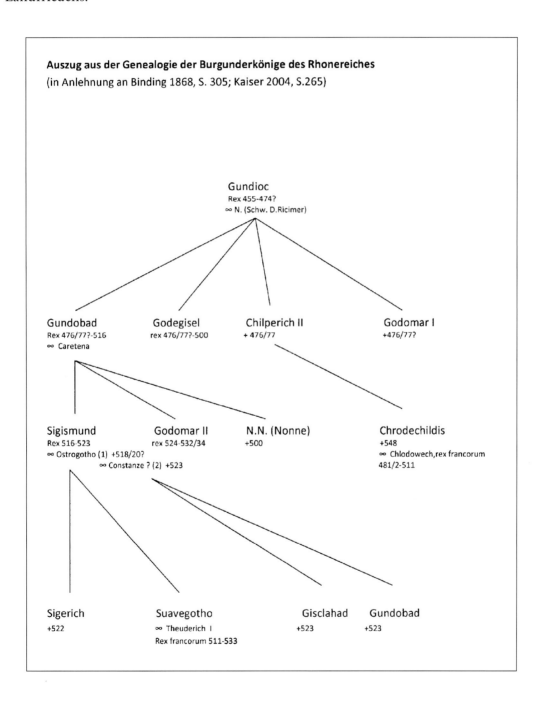

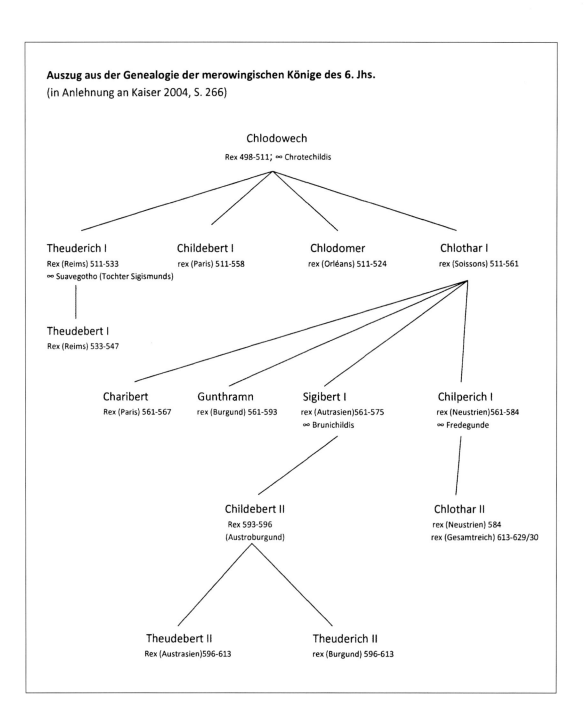

Literatur

Administration Communale de Tournai (1983): Childéric – Clovis. Rois des Francs. Catalogue d'exposition. Tournai (Casterman), Nr. 37 (La tombe du roi Childéric) S. 57 f.

Ausbüttel, F.M. (2007): Germanische Herrscher. Darmstadt (wb)

Baesecke, G. (1940): Vor- und Frühgeschichte des deutschen Schrifttums. 1. Band. Vorgeschichte. Halle a.d. Saale (Niemeyer)

Baethgen, F. (1942): Das Königreich Burgund in der deutschen Kaiserzeit des Mittelalters. Jahrbuch der Stadt Freiburg i.B. 5/1942, S. 73-98

Bauch, M. (2006): Wer waren die Nibelungen wirklich? Berlin (Rhombos)

Baum, W. (1996): Rudolf IV., der Stifter. Graz (Styria)

Bebermeyer, G. (1958): Stichwort „Heroldsdichtung" in: Reallexikon der deutschen Literaturgeschichte. 1. Band. Berlin (de Gruyter)

Bechtold, A. (Ltg.) (2000): Schloss Runkelstein – Die Bilderburg. Bozen (Athesia)

Beisel, F. (1993): Theudebertus magnus rex Francorum (Persönlichkeit und Zeit). Idstein (Schulz-Kirchner)

Belfort, A. de (1892; 1996): Description générale des Monnaies mérovingiennes. Paris (Soc. franc. de numismatique), Nachdruck (Maison Florange)

Bergmann, M. (1998): Die Strahlen der Herrscher. Mainz (v. Zabern)

Bergmann M. (2006): Konstantin und der Sonnengott. Die Aussagen der Bildzeugnisse. in: Demandt, A. & Engemann, J. (Hrsg.) (2006): Konstantin der Große. Trier (Rheinisches Landesmuseum), S. 143-161

Berlinger, L. (1935): Beiträge zur inoffiziellen Titulatur der römischen Kaiser. Breslau (diss.)

Bernd, Chr.S.T. (1849): Die allgemeine Wappenwissenschaft in Lehre und Anwendung. Bonn (Bernd & Weber)

Berrens, S. (2004): Sonnenkult und Kaisertum von den Severern bis zu Constantin I. Stuttgart (Steiner)

Berschin, W. (1986) (Hg.): Biographie und Epochenstil im lateinischen Mittelalter. Bde. 1-5

Besson, M. (1913): Monasterium Acaunense. Fribourg (Fragnière)

Beyerle, F. (1936): Gesetze der Burgunden. Weimar (Böhlau)

Binding, C. (1868): Geschichte des burgundisch-romanischen Königreichs. Leipzig (Engelmann)

Blanchet, J.A. & Dieudonné, A. (1912): Monnaies frappées en Gaule depuis les origines jusqu'à Hugues Capet. Paris (Picard)

Bluhme, (1857): Das westburgundische Reich und Recht. Jahrbuch des gemeinen deutschen Rechts I, 1857, S. 48-89

Blümcke, O. (1869): Burgund unter Rudolf III. und der Heimfall der burgundischen Krone an Kaiser Konrad II. Greifswald (diss.)

Bodmer, J.-P. (1957): Der Krieger der Merowingerzeit und seine Welt. Zürich (Wasmuth)

Boehm, L. (1971): Geschichte Burgunds. Stuttgart (Kohlhammer)

Boehm, L. (1961): Rechtsformen und Rechtstitel der burgundischen Königserhebungen im 19. Jh. Historisches Jahrbuch 80/1961, S. 1-57 +Anhang (Stammtafeln der Karolinger und Bosoniden)

Börsch, F. (1839): Über die Laugona und Bordaa des Venantius Fortunatus. Hanau (Waisenhausbuchdruckerei)

Brackert, H. (2003) (Hrsg. und Übers.): Das Nibelungenlied. Frankfurt (Fischer Taschenbuch), Band I und II

Brackmann, A. (1937): Die politische Bedeutung der Mauritius-Verehrung im frühen Mittelalter. Berlin (Verlag der Akademie der Wissenschaften)

Brandt, M. (1997): Gesellschaftsthematik und ihre Darstellung im Nibelungenlied und seinen hochmittelalterlichen Adaptionen. Frankfurt (Lang)

Braunfels, W. (1990): Lexikon der christlichen Ikonographie. Freiburg (Herder)

Bronisch, A.P. (1999):Krönungsritus und Kronenbrauch im Westgotenreich von Toledo. in: Zeitschr. d. Savigny-Stiftung für Rechtsgeschichte 116/1999, S. 37-86

Brühl, C. (1982): Kronen- und Krönungsbrauch im frühen und hohen Mittelalter. Historische Zeitschrift 234/1982, S. 1-31

Brunner, K. (1973): Der fränkische Fürstentitel im neunten und zehnten Jahrhundert. MIÖG Eerg.-Bd. 24, S. 179-340

Cardot, F. (1957): L'espace et le pouvoir. Études sur l'Austrasie mérovingienne. Paris (Publications de la Sorbonne)

Chaume, M. (1926): Les Origines de Duché de Bourgogne. Band 1, Dijon (Jobard)

Clauss, J. (1936): Die Heiligen des Elsaß in ihrem Leben, ihrer Verehrung und in der Kunst. Forschungen zur Volkskunde, Heft 18/19, S. 117-123, 226-227. Düsseldorf

Clauss, M. (1990): Mithras. Kult und Mysterien. München (Beck)

Clauss, M. (1996): Konstantin der Große und seine Zeit. München (Beck)

Codex 7692 der Wiener K.K. Hofbibliothek

Coreth, A. (1950): Dynastisch-politische Ideen Kaiser Maximilians I. (Zwei Studien). Mitteilungen des österreichischen Staatsarchivs 3/1950, S. 81-105

Csendes, P. (2003): Philipp von Schwaben. Darmstadt (wb)

Csendes, P. (1993): Heinrich VI. Darmstadt (wb)

Csendes, P. (1974): Die Anfänge der Kanzlei Heinrichs VI. und die Verhandlungen mit der Kurie 1188/89. MIÖG 82, S. 403 ff.

Csendes, P. (1981): Die Kanzlei Kaiser Heinrichs VI. in: Denkschriften der österreichischen Akademie der Wissenschaften, phil.-hist. Klasse 151, Wien

Dahn, F. (1892): Stichwort „Childebert II". Allgemeine Deutsche Biographie, Band 47, S. 471/472 (Vlg. Duncker & Humblot)

Dahn, F. (1883): Urgeschichte der germanischen und romanischen Völker. 3. Band, 3. Teil, 1. Buch: Die Franken

Dahn, F. (1895): Die Könige der Germanen. Leipzig, 7. Band, 3. Abt.

Davies, W.V. (1982): The Origin of the blue Crown. The Journal of Egyptian Archaeology 68/1982, S. 69-76

Déer, J. (1957): Byzanz und die Herrschaftszeichen des Abendlandes. Byzantinische Zeitschrift 50, S. 405-436

Défente, D. (red.) (1996): Saint-Médard. Trésors d'une abbaye royale. Soissons (Somogy/ Editions d'art)

Delbrück. R. (1949): Spätantike Germanenbildnisse. Bonner Jahrbücher 149, S. 66-81

Deloche, M. (1890): Études de numismatique mérovingienne. Paris (Rollin & Feuardent)

Derichsweiler, H. (1863): Geschichte der Burgunden. Münster (Coppenrath)

Deuchler, W. (1942): Eheschließung von Abwesenden. Berlin (Metzner)

Diesner, H-J. (1972): Das Buccellariertum von Stilicho und Sarus bis auf Aetius (454/455). Klio 54, 1972, S. 321-350

Diözesanmuseum Freising (1984): Christliche Kunst aus Salzburg, Bayern und Tirol 12. bis 18. Jh. München/Zürich (Schnell & Steiner)

Dobler, E. (2001): Die Sippe des Grafen Audoin/Otwin: Fränkische Aristokraten des 7. und frühen 8. Jahrhunderts in Südalemannien. Zeitschr. f.d. Geschichte des Oberrheins 149, S. 1-60

Domanski, K. & Krenn, M. (2000): Die profanen Wandmalereien im Westpalas. In: Bechtold, A. (Ltg.): Schloss Runkelstein - Die Bilderburg. Bozen (Athesia), S. 51-154

Dümmler, E. (1888): Geschichte des ostfränkischen Reiches. Leipzig (Duncker & Humblot)

Eckhardt, K.A. (Hg.) (1959): Lex Ribuaria. Band I: Austrasisches Recht im 7. Jh. Göttingen u.a. (Musterschmidt)

Eheim, F. (1959): Ladislaus Sunthaym. Ein Historiker aus dem Gelehrtenkreis um Maximilian I. MIÖG 67, S. 53-91

Ehlers, J. (2003): Heinrich VI. in: Schneidmüller, B. & Weinfurter, S. (Hrsg.): Die Deutschen Herrscher des Mittelalters. München (Beck), S. 258-271

Ehrismann, O. (2002): Nibelungenlied. Epoche – Werk – Wirkung. München (Beck)

Eikelmann, R. (Hrsg.) (2007): The Cleveland Museum of Art. Meisterwerke von 300-1550. Katalog zur gleichnamigen Ausstellung im Bayerischen Nationalmuseum in München (11.05.-16.09.2007), München (Hirmer-Verlag). Darin: Gertrudis-Tragaltar, S. 114-117

Eissengarten, J. (1985): Mittelalterliche Textilien aus Kloster Adelshausen im Augustinermuseum Freiburg. Freiburg i.B. (Adelhauserstiftung)

Ensslin, W. (1936): Nochmals zu der Ehrung Chlodowechs durch Kaiser Anastasius. Historisches Jahrbuch 56, S. 499-507

Erichson, S. (1967): Die Geschichte Dietrichs von Bern. München (Heyne)

Eusebius von Caesarea / Schneider, H. (2007): Über das Leben Konstantins. Turnhout (Brepols)

Ewig, E. (1952): Die fränkischen Teilungen und Teilreiche (511-613). Abhandlungen der geistes- und sozialwissenschaftlichen Klasse Nr. 9. Wiesbaden (Akademie der Wissenschaften und der Literatur)

Ewig, E. (1956): Das Bild Constantins des Großen in den ersten Jahrhunderten des abendländischen Mittelalters. Hitorisches Jahrbuch 75/1956, S. 1-46

Ewig, E. (1976): Spätantikes und fränkisches Gallien. München (Artemis), Band I

Ewig, E. (1997): Die Merowinger und das Frankenreich. Stuttgart (Kohlhammer)

Falke, o. et al. (Hg.) (1930): Der Welfenschatz. Frankfurt (Frankfurter Verlagsanstalt)

Filip, Václav Vok (2000): Einführung in die Heraldik. Stuttgart (Steiner)

Fillitz, H. (1993): Bemerkungen zur Datierung und Lokalisierung der Reichskrone. Zeitschr. f. Kunstgesch. 5/1993, S. 313-334

Flatt, K.H. (1969): Die Errichtung der bernischen Landeshoheit über den Oberaargau. Archiv des Historischen Vereins des Kantons Bern 53, Band 1969

Folz, R. (1958): Zur Frage der heiligen Könige: Heiligkeit und nachleben in der Geschichte des burgundischen Königtums. Deutsches Archiv für die Erforschung des Mittelalters (DA) 14, S. 317-344

Fredegar-Chronik, übers. v. Kusternig, A. (1982): Die vier Bücher der Chroniken des sogenannten Fredegar. Darmstadt (wb) (Reihe: Quellen zur Geschichte des 7. und 8. Jh.)

Frenzel, E. (1976): Motive der Weltliteratur. Stuttgart (Kröner)

Fried, J. (1983): Friedrich Barbarossas Krönung in Arles (1178). Historisches Jahrbuch 103/1983, S. 347-371

Fugger, J.J. & Birken, S.v. (1658): Spiegel der Ehren des höchstlöblichsten kayser- und königlichen Erzhauses Österreich. Nürnberg (Endter)

Gall, F. (1977): Österreichische Wappenkunde. Wien u.a. (Böhlau)

Galbreath, D.L. & Jéquier, L. (1978): Lehrbuch der Heraldik. München (Battenberg)

Ganz, P. (1906): Die Abzeichen der Ritterorden. Schweizerisches Archiv für Heraldik 1906, S.16-25

Göttling, K.W. (1814): Über das Geschichtliche im Nibelungenlied. Rudolstadt

Geliot, L. (1660; Neudruck 1895): La vraye et parfaite science des armoiries ou l'indice armorial. Paris

Genzmer, F. (1975): Edda. Darmstadt (wb), 2 Bände

Gerritz, E. (1963): Troia sive Xantum. Beiträge zur Geschichte einer niederrheinischen Stadt. Freiburg (diss.)

Giebel, M. (1993): Das Geheimnis der Mysterien. München (dtv), darin: VI. Die Mysterien des Mithras, S. 195-217

Giehlow, K. (1910): Dürers Entwürfe für das Triumphrelief Kaiser Maximilians I. im Louvre. Jahrb. d. kunsthistorischen Sammlung in Wien 29, 1910, S. 14-84

Gollut, M. Loys (1846): Les mémoires historique de la république séquanoise. Arbois (ed. Javel)

Gottzmann, C.L. (1987): Heldendichtung des 13. Jh.: Siegfried - Dietrich - Ornit. Frankfurt (Lang)

Grahn-Hoek, H. (1976): Die fränkische Oberschicht im 6. Jh.: Studien zu ihrer rechtlichen und politischen Stellung. Sigmaringen (Thorbecke)

Grahn-Hoeck, (2003): Gundulfus subregulus - eine genealogische Brücke zwischen Merowingern und Karolingern? Dt. Archiv f.d. Erforschung des Mittelalters 59, 2003, S.1-47

Graus, Frantisek (1965): Volk, Herrscher und Heiliger im Reich der Merowinger. Praha

Grégoire, H. (1934): La Patrie des Nibelungen. Byzantion 9, 1934, S. 1-26, 31-39

Gregor v. Tours: Liber Historiae Francorum. übersetzt von Giesebrecht, W. von (1911): Zehn Bücher Fränkischer Geschichte. Leipzig (Dyksche Buchhandlung)

Grosse, S. (1997; 2002) (Hrsg.): Das Nibelungenlied. Stuttgart (reclam)

Grünenberg, Conrad (1481); Stillfried-Alcántara, Rudolfs, M. von (Hrsg.) (1875-1884): Des Conrad Grünenberg, Ritters und Bürgers zu Costenz, Wappenbuch. Görlitz (Starke)

Grünewald, T. (1990): Constantinus Maximus Augustus. Stuttgart (Steiner)

Hartmann, M. (2003): Aufbruch ins Mittelalter. Die Zeit der Merowinger. Darmstadt (wb)

Hauck, K. (1967): Von einer spätantiken Randkultur zum karolingischen Europa. Frühmittelalterliche Studien 1/1967, S. 3-93

Heinemann, H. (1986): Die Zähringer in Burgund. in: Schmid, K. (Hg.): Die Zähringer. Eine Tradition und ihre Erforschung. Sigmaringen (Thorbecke), S.59-73

Hadwich, R. (1952): Die rechtssymbolische Bedeutung von Hut und Krone. Mainz (diss.)

Haupt, G. (1939): Die Reichsinsignien. Ihre Geschichte und Bedeutung. Leipzig (Seemann)

Heinig, P.-J. (2004): Kaiser, Reich und Burgund. Habsburgs „neue Westpolitik" im 15. Jahrhundert. Zeitschrift des Aachener Geschichtsvereins 106/2004, S. 55-76

Heinzle, J. (1982): Die Triaden auf Runkelstein und die mittelhochdeutsche Heldendichtung. In: Haug, W. / Heinzle, J. / Huschenbett, D. / Ott, N.H. (Hrsg.): Runkelstein. Die Wandmalereien des Sommerhauses. Wiesbaden (Reichert-Verlag), S. 63-93

Heinzle, J. (1998 bzw. 2005): Die Nibelungen. Bild und Sage. Darmstadt (wb)

Hempel, H. (1960): Zur Datierung des Nibelungenliedes. in: ZfdA 90, 1960/61, S. 181-197

Heusler, A. (1955): Nibelungensage und Nibelungeenlied. Dortmund (Ruhfus)

Hierold, A.E. (1986): Die Eheschließung durch Stellvertreter. in: Lüdicke, K. et al. (Hrsg.): Recht im Dienste des Menschen. Graz (Styria), S. 349-361

Höfler, O. (1961): Siegfried, Arminius und die Symbolik. Heidelberg (Winter)

Hölscher, T. (1967): Victoria Romana. Mainz (Vlg. v. Zabern)

Hoffmann, H. (1963): Die Krone im hochmittelalterlichen Staatsdenken. in: Erffa, H.M. & Herget, E. (Hrsg.) (1963): Festschrift für Harald Keller. Darmstadt (Roether), S. 71-85

Hofmeister, A. (1908): Die heilige Lanze - ein Abzeichen des alten Reiches. Breslau (Marcus)

Holz, G. (1914): Der Sagenkreis der Nibelungen. Leipzig (Quelle & Meyer)

Hoops, J. (1981) (Hg.): Reallexikon der germanischen Altertumskunde. Berlin (de Gruyter)

Horstmann, S. (2004): Das Epithalamium in der lateinischen Literatur der Spätantike. München/Leipzig (saur)

Hube, H.-J. (Hrsg.) (2005): Beowulf. Das angelsächsische Heldenepos. Wiesbaden (marix)

Hubrich, E. (1889): Fränkisches Wahl- und Erbkönigtum zur Merowingerzeit. Königsberg (diss.)

Hüffer, G. (1873): Das Verhältnis des Königreiches Burgund zu Kaiser und Reich. Paderborn (diss.)

Huizinga, J. (1924; 1975, 11. Aufl.): Herbst des Mittelalters. Stuttgart (Kröner)

Hye, F.-H. (1994): Programmatische Polit-Heraldik: Landeswappen, Einheitswappen, Anspruchswappen. „Adler", Zeitschrift für Genealogie und Heraldik, 7/1994, S. 281-288

Hye, F.-H. (2000): Die heraldischen Denkmäler in Runkelstein und ihre historische Bedeutung. In: Bechtold, A. (Ltg.): Schloss Runkelstein - die Bilderburg. Bozen

(Athesia); S. 235-262

Jahn, A. (1874): Die Geschichte der Burgundionen und Burgundiens bis zum Ende der I. Dynastie. Halle, 2 Bde.

Jericke, H. (2008): Kaiser Heinrich VI. - der unbekannte Staufer. Gleichen. Zürich (Muster-Schmidt)

Jordanes (551), übers. v. Martens, W. (1913): Jordanis Gotengeschichte. Essen (Phaidon)

Kaiser R. (1973): Untersuchungen zur Geschichte der Civitas und Diözese Soissons in römischer und merowingischer Zeit. Bonn (Röhrscheid)

Kaiser, R. (2004): Die Burgunder. Stuttgart (Kohlhammer)

Kaiser, R. (1997): Das römische Erbe und das Merowinger-Reich. München (Oldenbourg)

Kallmann, R. (1889): Die Beziehungen des Königreichs Burgund zu Kaiser und Reich. Jahrbuch für schweizerische Geschichte 14/1889

Kampers, G. (2000): Caretena - Königin und Asketin. Francia 27/1, 2000, S. 1-32

Kantorowicz, E. (1957): Zu den Rechtsgrundlagen der Kaisersage. DA (Deutsches Archiv für Erforschung des Mittelalters) 13, 1957, S. 134-137

Kasten, B. (1997): Königssöhne und Königsherrschaft. Hannover (Hahnsche Buchhandlung)

Kellner, B. (2004): Zur Konstruktion von Kontinuität durch Genealogie. in: Melville, G. & Rehberg, K.S. (Hrsg.): Gründungsmythen - Genealogien - Memorialzeichen. Köln (Böhlau), S. 37-59

Keszycka, F. von (1923): Kaiserin Beatrix. Poznań

Keydell, R. (1962): Stichwort „Epithalamium". Reallexikon für Antike und Christentum 5, 1962, S. 927-943

Keupp, J.U. (2002): Dienst und Verdienst. Die Ministerialen Friedrich Barbarossas und Heinrichs VI. Stuttgart (Hiersemann)

Klauser, R. (1954): Zur Entwicklung des Heiligsprechungsverfahrens bis zum 13. Jhdt. in: Zeitschr. d. Savigny-Stiftung für Rechtsgeschichte 71/1954, S. 85-101

Kluge, F. (1975): Etymologisches Wörterbuch der deutschen Sprache. Berlin/New York (de Gruyter)

Knappe, K.-B. (1974): Repräsentation und Herrschaftszeichen. Zur Herrscherdarstellung in der vorhöfischen Epik. München (Arbeo)

Koch, G.F. (1957): Virgil im Korbe. Festschrift für Erich Meyer. Hamburg, S. 105 ff.

Koebner, R. (1973): Venantius Fortunatus. Hildesheim (Gerstenberg)

Konecny, S. (1977): Das Sozialgefüge am Burgundenhof. in: Ebenbauer et al. (Hg.): Österreichische Literatur zur Zeit der Babenberger. Wien (Halosar), S. 97-116

Kolb, F. (2001): Herrscherideologie in der Spätantike. Berlin (Akademie)

Koreny, F. (1989): „Ottoprecht Fürscht". Jahrbuch der Berliner Museen 31/1989, S. 127-148

Kovács, E. (1992): Die Heiligen und heiligen Könige der frühen Habsburger (1273-1519). in Schreiner, K. (Hg.): Laienfrömmigkeit im späten Mittelalter. München (Oldenbourg), S. 93-126

Kralik, D.v. (1932): Nibelung, Schilbung und Balmung. Wiener prähistorische Zeitschrift 19. S. 324-348

Kranzbühler, E. (1930): Worms und die Heldensage. Worms (Stadtbibliothek)

Kretschmer, P. (1938): Austria und Neustria. Eine Studie über spätlateinische Ländernamen. Zeitschr. f. griechische und lateinische Sprache 26/1938, S. 207-240

Kreuzer, E. (1913): Zur Deutung der Standbilder am Freiburger Münsterturm. Freiburger Münsterblätter 9, 1913, S. 23-25

Kroll, W. (1986): Heraldische Dichtung bei den Slaven. Wiesbaden (Harrassowitz)

Krüger, K.H. (1971): Königsgrabkirchen. München (Falk)

Krusch, B. (1937): Studien zur fränkischen Diplomatik. Der Titel der fränkischen Könige. Abhandlungen der Preußischen Akademie der Wissenschaften Jgg. 1937, phil.-histor. Klasse, S. 1-30

Kruse, H./Paravicini, W./Ranft, A. (Hrsg.) (1991): Ritterorden und Adelsgesellschaften im spätmittelalterlichen Deutschland. Frankfurt u.a. (Lang)

Kuelbs, M. & Sankowsky (1987): Johannes Trithemius. De origine Gentis Francorum Compendium. Dudweiler (Bibliotheca Germanica 4)

Kuhn, H. (1953): Brunhild und das Kriemhildlied. in: Wais, K.: Frühe Epik Westeuropas und die Vorgeschichte des Nibelungenliedes. Tübingen (Niedermayer), S. 9-21

Künstle, K. (1926): Ikonographie der Heiligen. Freiburg (Herder)

Künstle, K. (1928): Ikonographie der christlichen Kunst. Freiburg i.B.

Landesamt für Denkmalpflege, Burgen, Schlösser, Altertümer Rheinland-Pfalz (Hg.): Staatliche Burgen, Schlösser und Altertümer in Rhld.-Pfalz, Koblenz 2003, Heft 7, S. 146 f.

Lang, B. (1982): Der Guglerkrieg. Freiburg/Schweiz (Universitätsverlag)

Laschitzer, S. (1886): Die Heiligen aus der Sipp-, Mag- und Schwägerschaft des Kaisers Maximilian I. Jahrb. d. kunsthistor. Samml. des allerhöchsten Kaiserhauses 4/1886, S. 70-288, Bildteil (100 Darstellungen)

Laschitzer, S. (1887): Die Heiligen aus der Sipp-, Mag- und Schwägerschaft des Kaisers Maximilian I. Jahrb. d. kunsthistor. Samml. des allerhöchsten Kaiserhauses 5/1887, S.117-262 (Bildteil: 20 Darstellungen)

Laschitzer, S. (1888): Die Genealogie des Kaisers Maximilian I. Jahrb. d. kunsthistor. Samml. des allerhöchsten Kaiserhauses 7/1888, S. 1-199 (Bildteil: Holzschnitte)

Lautenbach, E. (2002): Latein - Deutsch: Zitaten-Lexikon. Quellennachweise. Berlin,

Hamburg, Münster (Lit)

Lazius, W. (1564): Commentariorum in genealogiam austriacam libri duo.

Lecouteux, C. (1993): Der Nibelungenhort: Überlegungen zum mythischen Hintergrund. Euphorion 87/1993, S. 172-186

Lecouteux, C. (1995): Siegfrieds Jugend: Überlegungen zum mythischen Hintergrund. Euphorion 89/1995, S. 221-227

Leeb, R. (1992): Konstantin und Christus. Berlin u.a. (de Gruyter)

Lhotsky, A. (1957): Privilegium Maius. Die Geschichte einer Urkunde. München (Oldenbourg)

Lienert, E. (2000): Die Nibelungenklage. Paderborn (Schöningh)

Lintzel, M. (1934): Der historische Kern der Siegfriedsage. Berlin (Ebering)

Maurer, F. (1953): Der Topos von den „Minnesklaven". Deutsche Vierteljahrsschrift für Literaturwissenschaft und Geistesgeschichte 27, 1953, S. 182-206

Mayer, H.E. (1965): Die Alpen und das Königreich Burgund. Reichenau-Vorträge 10/1961/62. Konstanz, Stuttgart (Thorbecke)

Mennel, Jakob (1518): Cod. 3075, Cod 3077. Handschriftensammlung der K. K. Hofbibliothek Wien. Wien (ÖNB)

Merkelbach, R. (2005): Mithras. Ein persisch-römischer Mysterienkult. Wiesaden (Albus)

Mertens, D. (1988): Geschichte und Dynastie - zu Methode und Ziel der 'Fürstlichen Chronik' Jakob Mennels. in: Andermann, K. (1988) (Hrsg.): Historiographie am Oberrhein im späten Mittelalter und in der frühen Neuzeit. Sigmaringen (Thorbecke), S. 121-153

Mertens, D. (1986): Die Habsburger als Nachfahren und als Vorfahren der Zähringer. in: Schmid, K. (Hrsg.): Die Zähringer. Eine Tradition und ihre Erforschung. Sigmaringen (Thorbecke), S. 151-174

Merzbacher, F. (1968): Die Eheschließung durch Stellvertreter nach altem und geltendem kanonischen Recht. in: Siepen, K. et al. (Hrsg.): Ecclesia et ius. München/Paderborn/Wien (Schöningh), S. 455-466

Meyer, W. (1901): Der Gelegenheitsdichter Venantius Fortunatus. Abhandlungen der königlichen Gesellschaft der Wissenschaften zu Göttingen, philolog.-histor. Klasse, Band IV, Nr. 5, Berlin (Weidmannsche Buchhandlung)

Mone, F.J. (1818): Einleitung in das Nibelungenlied. Heidelberg (Oswald)

Montfaucon, Bernard de (1729): Les Monumens De La Monarchie Francoise. Tome I. Paris

Müller, G. (1968): Symbolisches im Nibelungenlied. Heidelberg (diss.)

Müller, Jan Dirk (1998): Spielregeln für den Untergang. Tübingen (Niemeyer)

Müllner, A. (1914): Die Lanze des hl. Mauritius in der Schatzkammer des A.h.Kaiserhauses.

Jahrb. d.k.k.mont. Hochschulen. II

Mütherich, F. (1953): Die ursprüngliche Krone des Mauritiusreliquiars in Vienne. Kunstchronik 6/1953, Heft 2, S. 33-36, Abbn. S. 46 und 47

Murray, A.C. (ed.) (2000): From Roman to Merovingean Gaul (broadview press)

Neubecker, O. (1990): Heraldik. Augsburg (Battenberg)

Neumann, B. (1954): Die ältesten Verfahren der Erzeugung technischen Eisens. Berlin (Akademie-Vlg.)

Nickel, H. (1958): Der mittelalterliche Reiterschild des Abendlandes. Berlin (diss.)

Oberhammer, V. (1935): Die Bronzestandbilder des Maximiliansgrabmales in der Hofkriche zu Innsbruck. Inssbruck u. a. (Tyrolia-Verlag)

Oechsli, W. (Bearb.) (1918): Quellenbuch zur Schweizergeschichte. Zürich (Schulthess)

Offergeld, Thilo (2001): Reges pueri. Das Königtum Minderjähriger im frühen Mittelalter. Hannover (Hahnsche Buchhandlung)

Oswald, G. (1984): Lexikon der Heraldik. Mannheim/Wien/Zürich (Bibliograph. Institut)

Panzer, F. (1955): Das Nibelungenlied. Entstehung und Gestalt. Stuttgart (Kohlhammer)

Paravicini (1999): Die ritterlich-höfische Kultur des Mittelalters. München (Oldenbourg)

Peeters, J. (1986): Siegfried von Niderlant und die Wikinger am Niederrhein. ZfdA-Zeitschrift für deutsches Altertum und deutsche Literatur 115, 1986, S. 1-21

Perels, E. (1996): Der Erbreichsplan Heinrichs VI. Berlin

Person-Weber, G. (2001): Der Liber decimationis des Bistums Konstanz. Freiburg, München (Alber)

Peter, M. (2001): Der Gertrudistragaltar aus dem Welfenschatz. Mainz (v. Zabern)

Pettenegg, Eduard Gaston Graf von (1882): Das Staatswappen des Hauses Habsburg. Blätter des Vereins für Landeskunde von Niederösterreich 16/1882, S. 443-552

Piespordius, Theodoricus (1616): Serenissimorum Principum Habsburgi-Austriacorum Stemma. Bruxellae

Pietrasanta, Silvestro (1682): Silvestri a Pietrasancta symbola heroica. Amstelaedami (Waesbergios & Wetstenium)

Pleister, W. (Hg.) (1965): Boccaccio, Giovanni (1360): Die neun Bücher vom Glück und vom Unglück berühmter Männer und Frauen. München (Süddt. Vlg.)

Plöchl, W.M. (1955): Geschichte des Kirchenrechts. Band II. Wien/München

Poupardin, R. (1901): Le royaume de Provence sous les Carollingiens (855-933?). Paris

Poupardin, R. (1907): Le Royaume de Bourgogne (888-1038). Paris (H. Champion)

Preller, L. (1858): Römische Mythologie. Berlin (Weidmann)

Price, M.J. (1981) (Hg.): Die Münzen der Welt. Freiburg/Basel/Wien (Herder)

Prónay, A. von (2000): Mithras und die geheimen Kulte der Römer. Freiburg (Aurum-Verlag)

Prou, M. (1955): Les monnaies mérovingiennes. Nimes (C. Lacour)

Puff, R. (1851): Die Grafen von Schärfenberg. Mitteilungen des Historischen Vereins für Krain (MHVK) 6, 1851, S. 8-19

Pusikan, (1877): Über die Bedeutung der Wappenfiguren. Nürnberg (Bauer Raspe)

Quintana-Lacaci, G. (1987): Armería del Palacio Real de Madrid. Madrid (Editorial Patrimonio Nacional)

Réau, L. (1959): Iconographie de L'Art Chrétien. Paris (Presses Universitaires de France)

Redlich, O. (1931): Die Pläne einer Erhebung Österreichs und Burgunds zum Königreich. Zeitschrift des historischen Vereins für Steiermark 26, 1931, S. 87-99

Reichert, H. (1998/1999): Nibelungenlied und Nibelungensage. Vorlesung

RGA, (1981) Stichwort „Diadem" (S. 351 ff.); Stichwort «Sigibert v. Köln» (S. 393 ff.) ; Stichwort „Drache"(S. 137);

Regino-Chronik, bearb. v. Rau, R. (1966): Quellen zur karolingischen Reichsgeschichte, 3. Teil, Darmstadt (wb), S. 179-319

Radulfi de Diceto, in Stubbs, W. (ed.) (1876): Radulfi de Diceto, Ymagines historiarum. Rolls Series 68,1

Resmini, B. (1980): Das Arelat. Köln/Wien (Böhlau)

Reydellet, M. (1998): Venance Fortunat. Poèmes. Paris (Les Belles Lettres)

Rixner, (1530; Neudruck 1997): Turnierbuch. Solingen (Brockhaus)

Rommel, Chr. (1820): Geschichte von Hessen. Marburg/Kassel

Runde, I. (2003): Xanten im frühen und hohen Mittelalter. Köln (Bohlau)

Ruser, K. (1978): Zur Geschichte der Gesellschaften von Herren, Rittern und Knechten in Süddeutschland während des 14. Jh. Zeitschr. f. Württemb. Landesgeschichte 34/35, 1975/1976 (Sonderdruck)

Sarrazin, G. (1897): Der Ursprung der Siegfried-Sage. Zeitschr. f. vergleichende Literaturgeschichte, Band IX, Heft 1, S. 113-124

Schaffner, S. (1998): Altenglisch nif(e)l, althochdeutsch firnibulit, altisländisch nifl-, altfriesisch niuen und die Etymologie des Nibelungen-Namens. Die Sprache 40/1 (1998), 43-71

Schauerte, T. U. (2001): Die Ehrenpforte für Kaiser Maximilian I. München/Berlin (Dt. Kunstverlag)

Scheicher, E. (1986): Das Grabmal Kaiser Maximilians I. in der Hofkirche. in: Felmayer, J. et al. (Bearb.): Die Kunstdenkmäler der Stadt Innsbruck. Die Hofbauten. Band XLVII / 1986, S. 359-425, Wien (Schroll)

Schieffer, T. (1977): Die Urkunden der burgundischen Rudolfinger. MGH

Schieß, T. (1933): Quellenwerk zur Entstehung der Schweizerischen Eidgenossenschaft. Abt. I: Urkunden, Band I: Von den Anfängen bis Ende 1291. Aarau (Sauerländer)

Schmidt, R. (1993): Kaiser, König und Reich in der Wolfenbütteler Bilderhandschrift des Sachsenspiegels. in: Schmidt-Wiegand, R. (Hg.): Die Wolfenbütteler Bilderhandschrift des Sachsenspiegels. Berlin (Akademie-Vlg.), S. 87-95

Schmidt, U. (1987): Königswahl und Thronfolge im 12. Jh. Wien (Böhlau)

Schmidt-Wiegand, R. (1982): Kriemhids Rache. Zu Funktion und Wertung des Rechts im Nibelungenlied. in: Kamp, N. & Wollasch, J. (Hg.): Tradition als historische Kraft. Festschr. f. Karl Hauck, S. 372-387

Schneider, R. (1972): Königswahl und Königserhebung im Frühmittelalter. Stuttgart (Hiersemann)

Schnitt, Konrad (1530-1539): Wappenbuch des Konrad Schnitt. Basel (Staatsarchiv des Kantons Basel-Stadt). Wappenbücher 4 und 5

Schnyder, A. (1980): Biterolf und Dietleib. Bern/Stuttgart (Haupt)

Schoppe, Chr. et al. (2007): Varusschlacht. Norderstedt (books on demand)

Schramm, Percy E. (1954): Herrschaftszeichen und Staatssymbolik. Stuttgart (Hiersemann), 3 Bde.

Schramm, Percy E. (1968): Kaiser, Könige und Päpste. Band II. Stuttgart (Hiersemann)

Schütte, G. (1935): Sigfrid und Brünhild. Ein als Mythos verkannter historischer Roman aus der Merowingerzeit. Jena

Schulze, H.K. (2004): Grundstrukturen der Verfassung im Mittelalter. Stuttgart (Kohlhammer), Band 1 (Erstauflage 1985)

Schulze, U. (1997): Das Nibelungenlied. Stuttgart (reclam)

Schulze-Dörlamm, M. (1991): Die Kaiserkrone Konrads II. (1024-1039). Sigmaringen (Thorbecke)

Schwietering, J. (1925;1969): Die Bedeutung des Zimiers bei Wolfram. in: Ohly, F. & Wehrli, M. (Hrsg.) (1969): Julius Schwietering. Philologische Schriften. München (Fink), S. 282-303

Seemann, F. (1911): Boso von Niederburgund. Halle (diss.)

Seipel, W. (2002): Werke für die Ewigkeit. Kaiser Maximilian I. und Erzherzog Ferdinand II. Kunsthistorisches Museum Wien, Katalog der Ausstellung 06.07.-31.10. 2002

Seyler, G.A. (1885-1889): Geschichte der Heraldik. Nürnberg (Bauer & Raspe)

Sickel, (1892): Besprechung von «Fustel de Coulanges, Histoire des institutions politiques de l'ancienne France. Paris 1891», in: Göttingische gelehrte Anzeigen Nr. 4/ 1892, S. 121-145

Siebmacher, Johann (1772; Neudruck 1975): Johann Siebmachers Wappenbuch. München (Battenberg)

Sigismond, P. (1666) (Berodi): Histoire du glorieux sainct Sigismond Martyr, Roy de Bourgogne. Sion (Henri Lovys Escrivain)

Spener, (1717): Historia in signum illustrium seu operis Heraldici Francofurti ad Moenum (ex officium zumeriana), darin Lib. I, Cap. XXXVIII, S. 176

Springer, M. (1981): Stichwort Sigimund. in Hoops, J. (Reallexikon zur germanischen Altertumskunde. Berlin, New York (de Gruyter), S. 396-399

Stolz, O. (1943): Geschichtliche Beschreibung der ober- und vorderösterreichischen Lande. Karlsruhe (Südwestdt. Druck- und Verlagsanstalt)

Strauch, Ph. (1900): Deutsche Chroniken. 3. Band: Jansen Enikels Werke. Monumenta Germaniae Historica. Hannover-Leipzig, S. 23880 ff.

Ströhl, H.G. (1899): Heraldischer Atlas. Eine Sammlung von Musterblättern für Künstler, Gewerbetreibende sowie für Freunde der Wappenkunde. Stuttgart (Hoffmann)

Strohm, H. (2008): Mithra oder: Warum 'Gott Vertrag' beim Aufgang der Sonne in Wehmut zurückbrickte. München (Fink)

Stückelberg, E.A. (1925): Denkmäler des Königreichs Hochburgund vornehmlich in der Westschweiz (888-1032). Mitteilungen der antiquarischen Gesellschaft in Zürich. 30. Band, 1925-1931, Heft 1

Stückelberg, E.A. (1891): Der Constantinische Patriciat. Basel (Georg)

Szövérffy, J. (1970): Weltliche Dichtungen des lateinischen Mittelalters. Ein Handbuch. Berlin (Schmidt), darin: 1. Venantius Fortunatus und die merowingische Kultur, S. 219-291

<Tacitus>, Heller, E. (Hrsg.) (1991): Annalen. München (dtv)

Tarantul, E. (2001): Elfen, Zwerge und Riesen. Frankfurt (Lang)

Thomas, H. (1990 a): Die Staufer im Nibelungenlied. Zeitschr. f. dt. Philologie 109, S. 321-354

Thomas, H. (1990 b): Dichtung und Politik um 1200: Das Nibelungenlied. in: Zatloukal, K. (Hg.) (1990): Pöchlarner Heldenliedgespräch, Das Nibelungenlied und der mittlere Donauraum. Wien (Fassbänder), S. 103-129

Thommen, R. (1899): Urkunden zur Schweizer Geschichte aus österreichischen Archiven. Basel (Vlg. Geering)

Unterkircher, F. (1983): Maximilian I. Hamburg (Maximilian-Gesellschaft)

Venantius Fortunatus, Vita sancti Medardi, MGH, AA, 4,2

Vermaseren, M. J. (1965): Mithras. Geschichte eines Kultes. Stuttgart (Kohlhammer)

Vitruv (ca. 1. Jh. n. Chr.): De Architectura libri decem. Übersetzung Ausgabe Berlin 1908, neu gedruckt Wiesbaden (Marix-Verlag) 2004

Wackwitz, P. (1964): Gab es ein Burgunderreich am Rhein? Worms (vlg. Stadtbibliothek).

Teil I (Text), Teil II (Anmerkungen)

Wagner, A. (2007): La diffusion du culte de Maurice en Lorraine (diocèses de Toul, Metz et Verdun). Table ronde 1er et 2 juin 2007, ohne Seitenzählung. Besancon. Autour de saint Maurice: Politique, société et construction identitaire. www.aasm.ch/pages/besancon/besancon8.html

Walthari-Lied, übers und hrsgg. v. Vogt-Spira, G. (1994): Waltharius. Stuttgart (reclam)

Walther, A. (1909): Die burgundischen Zentralbehörden unter Maximilian I. und Karl V. Leipzig (Duncker & Humblot)

Waremann, P. (1988): Venantius Fortunatus, merowingischer Hofdichter und Klosterminnesänger. Lat.-dt. Anthologie

Weber, Axel G. (2007): Der Childebertring und andere frühmittelalterliche Siegelringe. Köln (Weber)

Wegner, W. (1992): Die 'Iwein'-Darstellungen des Maltererteppichs in Freiburg i.B. Mediävistik 5, 1992, S. 187-196

Weidemann, M. (1982): Zur Chronologie der Merowinger im 6. Jh. Francia 10, 1982, S. 471-513

Weinstock, S. (1957): Victor und Invictus. Harvard Theological Review 50, 1957, S. 211-247

Weixlgärtner, A. (1938): Geschichte im Widerschein der Reichskleinodien. Baden b. Wien/Leipzig (Rohrer)

Widengren, G. (1961): Mani und der Manichäismus. Stuttgart (Kohlhammer)

Wild, F. (1962): Drachen im Beowulf und andere Drachen. Anhang: Drachenfeldzeichen, Drachenwappen und St. Georg. Österreichische Akademie der Wissenschaften, phil.-hist. Klasse, Sitzungsberichte, 238. Band, 5. Abhandlung. Wien (Böhlau)

Winzinger, F. (1973): Die Miniaturen zum Triumphzug Kaiser Maximilians I. - Kommentarband - Graz (Austria)

Wolf, G. (1975): Imperator und Caesar - zu den Anfängen des staufischen Erbreichsgedankens. in: ders. (Hrsg.): Friedrich Barbarossa. Darmstadt, S. 360 ff.

Wolfram, H. (1967): Intitulatio. I. Lateinische Königs- und Fürstentitel bis zum Ende des 8. Jh. Graz-Wien-Köln (Böhlau)

Wolfram, H. (1973): Lateinische Herrschertitel im neunten und zehnten Jahrhundert. MIÖG Erg.-Bd. 24, S. 19-178

Wolfram, H. (1990): Das Reich und die Germanen. Berlin (Siedler). darin: Die Burgunder: Schwäche und Beständigkeit (407/13-534), S. 351-363

Wood, Ian N. (2006): Royal succession and legitimation in the Roman west, 419-536. in: Airlie, S. et al. (eds.): Staat im frühen Mittelalter. Wien (össterr. Akad. d. Wiss.), S. 59-72

Wunderlich W. (2007): Drachenhort - Königsgut - Rheingold. Der Nibelungenschatz als

Mythos, Motiv und Metapher. In: Vavra, E. et al. (Hrsg.): Vom Umgang mit Schätzen. Wien (Verlag der österreichischen Akademie der Wissenschaften), S. 167-195

Wurstemberger, J. L. von (1862): Geschichte der alten Landschaft Bern. 2 Bände. Bern (Dalp)

Zacharias, R. (1962): Die Blutrache im deutschen Mittelalter. ZfdA 91, 167-201

Zips, M. (1966): Das Wappenwesen in der mittelhochdeutschen Epik bis 1250. Wien (diss.)

Zöllner, E. (1957): König Sigismund, das Wallis und die historischen Voraussetzungen der Völsungensage. Mitteilungen des Instituts für österreichische Geschichtsforschung 65/1957, S. 1-14

Zöllner, E. (1970): Geschichte der Franken bis zur Mitte des sechsten Jahrhunderts. München (Beck)

Zöllner, E. (1988): Der Österreichbegriff. München (Oldenbourg)

Zufferey, M. (1986): Der Mauritiuskult im Früh- und Hochmittelalter. in: Historisches Jahrbuch 106/1986, S. 23-58

Zwierlein, S. (1926): Venantius Fortunatus in seiner Abhängigkeit von Vergil. Würzburg (diss.)

Bildnachweis

Abb. 1: Siegfrieds bzw. Siegmunds Wappen, nach Geliot 1660

Abb. 2: Schildformen

Abb. 3: Siegfriedsfigur; Fresko auf Schloss Runkelstein, Bozen (Südtirol)

Abb. 4: Wappen der Ritter von Cronberg, Siebmacher, Verlag Bauer & Raspe

Abb. 5: Wappen der 'Gesellschaft in der Krone', Grünenberg, Wappenbuch (1481, Blatt CXL 1), Verlag Starke, Görlitz 1884

Abb. 6: Wappen der Freiherren von Schäftenberg bzw. Scherffenberg/Kärnten, Siebmacher, Verlag Bauer & Raspe

Abb. 7: Wappen der Herren von Eynenberg, Grünenberg, Wappenbuch (1481, Blatt CLXIIII b), Verlag Starke, Görlitz 1884

Abb. 8: Wappen des Königs Punttanie, Staatsarchiv Basel-Stadt, Wappenbücher 4 und 5

Abb. 9: Wappen der Stadt Landskron, Schönhengstgau/Böhmen

Abb. 10: Wappensiegel der Stadt Kronstadt/Siebenbürgen

Abb. 11: Wappen der Stadt Toletum (= Toledo), Staatsarchiv Stadt Basel, Wappenbücher 4 und 5

Abb. 12: Gedenkstätte auf dem Königstuhl bei Rhens (Foto der Verbandsgemeinde Rhens)

Abb. 13: Wappen Verbandsgemeinde Rhens

Abb. 14: Wappen der Gemeinde St. Sigmund im Sellrain (Tirol)

Abb. 15: heraldische Königskrone: Normalkrone

Abb. 16: Wappen früher Habsburger, Laschitzer 1888, Bildtafeln

Abb. 17: Wappenträger Burgendt aus dem Triumphzug Maximilians. Cod. Min. Fol. 40, Österreichische Nationalbibliothek Wien

Abb. 18: Ehrenpforte Kaiser Maximilians, Inv. Nr. KK 9430; . Herzog Anton Ulrich. Museum Braunschweig, Kunstmuseum des Landes Niedersachsen. Fotonachweis: Museumsfoto Bernd Peter Keiser

Abb. 19: Ehrenpforte Kaiser Maximilians, Inv. Nr. KK 9431; wie Abb.18

Abb. 20: Habsburgische Träger des Kronenwappens aus Köldererrolle. Kunsthistorisches Museum, Wien

Abb. 21: König Rudolf II. von Burgund, Kaiserin Adelheid, Fotos aus Cod. ser.n. 2627, fol. 81r und Cod. ser.n. 4711, fol. 31r der ÖNB

Abb. 22: Wappen Theopertus, Grabmal Maximilians I., Innsbruck, Hofkirche

Abb. 23: Sigismunds Wappen, Geliot 1660

Abb. 24: St. Sigismund, aus Laschitzer 1886

Abb. 25: S. Sigismundus, aus Piespordius 1616

Abb. 26: Gegenüberstellung der beiden Wappenversionen. Im Auftrag des Autors hergestellt von Fa. Fahnenstaeb, Freiburg 2007

Abb. 27: Wappen Austrasien

Abb. 28: Wappen Habsburg-Lothringen

Abb. 29: Wappen König Rudolfs I., Grabmal Maximilians I. Innsbruck (Hofkirche)

Abb. 30: Hl. Mauritius, Laschitzer 1886

Abb. 31: Kloster St. Maurice d'Agaune – Blick auf die Abteikirche. Foto: Lothar Spurzem

Abb. 32: Statue St. Victor am Xantener Dom. Foto: Kath. Propsteigemeinde St. Victor Xanten; Aufnahme: Michael Saint-Mont, Düsseldorf

Abb. 33: Königreich Burgund z. Zt. Sigismunds, aus Baethgen 1942

Abb. 34: Verschlussdeckel des Sigismund-Brunnens, Pfarrkirche der Gemeinde St. Sigismond bei Saint-Péravy-la-Colombe bei Orléans. (Eigenes Foto)

Abb. 35: Sigismundtafel im Diözesan-Museum Freising (Foto: Wolf C. von der Mülbe).

Abb. 36: Krone, gezeichnet von Peiresc. Paris Bibl. Nat. (BNF)

Abb. 37: Mosaik „Das jüngste Gericht", Fassade des Prager Veitsdoms (Foto: Miroslav Kindl)

Abb. 38: Sigismunds Darstellungen 1 Altarbild im Dom zu Freising (eig. Foto), 2 Gipsmodell der Sigismund-Statue auf der Karlsbrücke in Prag (Foto: Miroslav Kindl), 3 Mühlhausener Altar, rechter Altarflügel. Staatsgalerie Stuttgart © Foto: Staatsgalerie Suttgart

Abb. 39: Mittelreich, Karte (Nach dem Vertrag von Verdun 843)

Abb. 40: Der hl. Siegmund. Fresco in der Dreifaltigkeitskirche in Konstanz. Eigenes Foto

Abb. 41: Sigismund-Standbild im Münster in Freiburg i. Br.

Abb. 42: Gertrudistragaltar aus dem Welfenschatz. Portable Altar of Countess Gertrude. Germany, Lower Saxony, Hildesheim, c. 1045. Gold, cloisonné enamel, gems, red porphyry, and pearls on a core of oak; 10.2 x 26.7 x 20.35 cm. The Cleveland Museum of Art, Gift of the John Huntington Art and Polytechnic Trust 1931.462

Abb. 43: Wappen Austrasien

Abb. 44: Austrasien-Karte zur Zeit Sigiberts I.

Abb. 45: Sigibert I., Abb auf der Grabplatte

Abb. 46: geflügelte Nike, antikes Symbol aus Ephesus. Eigenes Foto

Abb. 47: Triumphbogen am Place Stanislas, Nancy (Lothringen)

Abb. 48: Draco-Symbol, Trajanssäule in Rom; celtoi.net

Abb. 49: Drachenhelm aus der 'Armeria del Palacio Real de Madrid', Vitrine 1, D-11 (eigenes Foto); Helmzier Ottoprechts, des ersten gefürsteten Grafen von Habsburg (Dürer 1515). Kupferstichkabinett Staatliche Museen zu Berlin, Inv. Nr. KdZ 26812

Abb. 50: Chlodwig mit Strahlenkrone. Bronzefigur am Grabmal Kaiser Maximilians I. in der Hofkirche in Innsbruck (1515) (eigenes Foto); Bronzestatuette Konstantin der Große als 'sol invictus', Foto: Lennart Larsen, the National Museum of Denmark, Kopenhagen

Abb. 51: Mithräum Osterburken. Badisches Landesmuseum, Karlsruhe

Abb. 52: Wappen der Sicambrer, Fugger/Birken 1648

Abb. 53: Siegelring Childeberts II.; mit freundlicher Genehmigung des Besitzers

Abb. 54: König Gunthramn adoptiert Childebert II. Manuscrit francais 2813, fol. 50v der Bibliothèque nationale Paris

Abb. 55: Austroburgund, Karte (Public Domain)

Abb. 56: Maltererteppich, Bild 7: Vergil im Korb; Stiftungsverwaltung Freiburg i.Br.

Abb. 57: (Luftbild 2006): Spuren der Festung Renève bei Dijon. Mit freundlicher Genehmigung von Monsieur Bernard Petit-Clair aus Renève

Nachtrag zum Literaturverzeichnis

Althoff, G. (1986): Fälschungen im Mittelalter. In: Internationaler Kongress der Monumenta Germaniae Historica in München, 16.-19.09.1986. Schriften der MGH, Band 33,1, S.417-441, Hannover (Hahnsche Buchhandlung)

Althoff, G. (1988): Genealogische Fiktionen und die hagiographische Gattung der Genealogie im Mittelalter. In: Hye, F.-H. (Hg.): Staaten, Wappen, Dynastien. XVIII. Internationaler Kongress für Genealogie und Heraldik in Innsbruck vom 5.-9.9.1988. Innsbruck (Stadtmagistrat), S. 67-79

Bernd, Chr. S.T. (1841): Das Wappenwesen der Griechen und Römer und anderer alter Völker. Bonn (Ed. Weber)

Bernhardi, W. (1879): Lothar von Supplinburg. Leipzig (Duncker & Humblot)

Boehm, M.H. (1944): Geheimnisvolles Burgund. München (Bruckmann)

Braunfels-Esche, S. (1976): Sankt Georg. Legende Verehrung Symbol. München (Verlag Callwey)

Christlein, R. (1978): Die Alamannen. Archäologie eines lebendigen Volkes. Stuttgart/Aalen (Theiss-Verlag)

Clauss, M. (1999): Kaiser und Gott. Herrscherkult im römischen Reich. Stuttgart/Leipzig (Teubner)

Ebling, H. (1974): Prosopographie der Amtsträger des Merowingerreiches. München (Fink)

Franck, W. (1873): Die Landschaften des heiligen römischen Reiches. Braunschweig (V. Wreden)

George, J.W. (1992): Venantius Fortunatus. Oxford (Clarendon Press)

Giesebrecht, W. von (1930): Geschichte der deutschen Kaiserzeit. 4. Band: Heinrich V. und das Ende des Investiturstreites. Lothar von Supplinburg. Konrad III. Meersburg (Hendel-Verlag)

Giesebrecht, A. (1837): Über den Ursprung der Siegfriedssage. In: v.d. Hagen, F.H. (Hg.): Germania., 2. Band , Leipzig (Schulte), S. 203-234

Göttling, K.W. (1816): Nibelungen und Gibelinen. Rudolstadt

Hartung, O. (1894): Die deutschen Altertümer. Cöthen (Schulze)

Haubrichs, W. (2000): Sigi-Namen und Nibelungensage. In: Chinca, M. (Hg.): Blütezeit. Tübingen (Niemeyer), S. 175-206

Hoffmann, W. (1979): Das Siegfriedbild in der Forschung. Darmstadt (wb)

Hoffmann, W. (1992): Das Nibelungenlied. Stuttgart Weimar (Metzeler)

Jaspers, G.J. (1983): Die deutschen Textfragmente in den lateinischen Werken des Wolfgang Lazius. In: Broek, H.A. & Jaspers, G.J. (Hg.): In diutscher Dinte. Amsterdam, S. 56-74

Lhotsky, A. (1970): Ostarrichi. In: Europäisches Mittelalter. Das Land Österreich. München (Oldenbourg), S. 221-244

Melville, G. (1987): Vorfahren und Vorgänger. Spätmittelalterliche Genealogien als dynastische Legitimation zur Herrschaft. In: Schuler, P.-J. (Hg.): Die Familie als sozialer und historischer Verband. Sigmaringen, S. 203-309

Menhardt, H. (1961): Verzeichnis der altdeutschen literarischen Handschriften der österreichischen Nationalbibliothek. Berlin (Akademie-Verlag)

Mone, F.J. (1836): Untersuchungen zur Geschichte der teutschen Heldensage. Quedlinburg/Leipzig (Basse)

Müller, J.-D. (2002): Das Nibelungenlied. Berlin (E. Schmidt-Verlag)

Oberhammer, V. (1955): Die Bronzestatuen am Grabmal Maximilians I. Innsbruck (Tyrolia)

Poeschel, S. (2005): Handbuch der Ikonographie. Darmstadt (wb)

Prinz, F. (1965): Austrasiens Stellung in den monastischen Kulturströmungen des Merowingerreiches. In: Lademacher, H. (Bearb.): Austrien im Merowingerreich. Niederschrift über die Tagung der Arbeitsgemeinschaft für westdeutsche Landes- und Volksforschung in Mainz vom 26.-28.10.1964, S. 81-90

Prou, M. (1896): Les Monnaies Mérovingiennes. Paris (Rollin & Feuardent), Nachdruck 1969 in Graz-Austria (Akad. Druck- und Verlagsanstalt)

Rochow, I. (1994): Kaiser Konstantin V. (741-775). Frankfurt (Lang)

Sachse, M. (1989): Damaszener Stahl: Mythos, Geschichte, Technik, Anwendung. Bremerhaven (Wirtschaftsverlag)

Salin, É. (1957): La Civilisation Mérovingienne. Paris (Picard)

Schestag, F. (1883): Kaiser Maximilians I. Triumph. Jahrb. d. Kunsthistorischen Sammlungen des Allerhöchsten Kaiserhauses I, 154-181

Schmidt, L. (1933): Die Ostgermanen. München (Beck), S. 129-194

Schneider, H, (1928): Germanische Heldensage. Berlin/Leipzig (de Gruyter)

Steffen, U. (1984): Drachenkampf. Der Mythos vom Bösen. Stuttgart (Kreuz Verlag)

Ulansey, D. (1998): Die Ursprünge des Mithraskultes. Stuttgart (Theiss)

Ulmenstein, Chr. (1935): Über Ursprung und Entstehung des Wappenwesens. In: Forschungen zum dt. Recht. Band 1, H. 2, Weimar, S. 65-74

Thierry, A. (1840 bzw. 1972): Erzählungen aus den merowingischen Zeiten. Paris/Zürich (Manesse)

Toustain, Ch.F./Tassin, R.P./Baussonet, J.B. (1755): Nouveau traité de diplomatique. Paris (Deprez), Band 2

Wallraff, M. (2001): Christus versus Sol. Sonnenverehrung und Christentum in der Spätantike. Münster (Aschendorff)

Winkelbauer, W.F. (1949): Der St.-Georgs-Ritter-Orden Kaiser Friedrichs III. Wien (diss.)

Errata

Fußnote 151: Schramm 1954 (nicht 1955)

Fußnoten 154 und 194: Chaume 1926 (nicht 1925)

Fußnote 173: Blümcke 1869 (nicht 1954)

Fußnote 191: Boehm 1944 (nicht 1943)

Fußnote 238: Dahn 1895 (nicht 1985)

Fußnote 270: Hierold 1986 (nicht 1968)

Fußnote 300: Giesebrecht 1911 (nicht 1991)

Fußnote 305: Grahn-Hoek (nicht Gran-Hoeck)

Fußnote 322: Holz 1914 (nicht 114)

Fußnote 362: Schulze 1997 (nicht 2001)

Fußnote 379: Lecouteux 1995 (nicht 1994)

Fußnote 437: Ulansey 1998 (nicht 1989)

Fußnote 473: Koch 1957 (nicht 1959)

S. 53: (s. Abb. 35) nicht (s. Abb. 32)

S. 116: Clauss, J. (1935), nicht (1936)

S. 124: Perels (1927) nicht (1996)

S. 125: Prou, M. (1995) nicht (1955)

Die SIEBMACHER'SCHEN WAPPENBÜCHER

In der Tradition von Johann Siebmacher (1561–1611) führte Gabriel Nicolaus Raspe den Druck der bekannten Wappenbücher fort. Seit 1819 unter dem Firmennamen Bauer & Raspe entstand der sog. **Neue Siebmacher**, die umfassendste Wappensammlung Europas mit über 100 Lieferungen. Seit 1970 konnte mit der Herausgabe von Reprintausgaben des „Siebmacherschen Wappenwerkes" das Gesamtwerk wieder angeboten werden.

In der Neuausgabe ist aus verschiedenen Teilen der Originalausgabe dasjenige Material zusammengefaßt, das logischerweise zusammengehört, in der Originalausgabe wegen des Erscheinens im Verlaufe von über 100 Jahren aber getrennt sein mußte.

Die Neuausgabe gliedert sich in folgende Gruppen:

- **Sonderbände:** Bände A–H.
- **Wappen von Staaten u. Fürstenhäusern:** Bände 1–5.
- **Wappen von Korporationen** (Städte, Zünfte, Universitäten, Bistümer, Klöster): Bände 6–8
- **Wappen bürgerlicher Geschlechter:** Bände 9–13
- **Wappen des deutschen Adels:** Bände 14–25
- **Wappen des Adels in der ehemaligen österreichisch-ungarischen Monarchie:** Bände 26–35
- **Sonderreihe: Die Familienwappen deutscher Landschaften und Regionen:** Bände 1–3

Weitere Hinweise zu den einzelnen Bänden finden Sie auf unserer Internet-Seite
www.degener-verlag.de

SIEBMACHER'SCHE WAPPENBÜCHER – SONDERBÄNDE

Bd. A: Gustav Adelbert Seyler, Geschichte der Heraldik (Wappenwesen, Wappenkunst, Wappenwissenschaft). (3-87947-102-9)

Bd. B/1: Wappenbilderordnung, Bd. 1. 2. Aufl. (3-87947-110-X)

Bd. B/2: Wappenbilderordnung, Bd. 2. (3-87947-100-2)

Bd. C: Otto Titan von Hefner, Grundsätze der Wappenkunst. (3-87947-101-0)

Bd. D: E. Frh. v. Berchem, D. L. Galbreath u. O. Hupp, Beiträge zur Geschichte der Heraldik. (3-87947-104-5)

Bd. E: Württembergisches Adels- und Wappenbuch. (3-87947-105-3)

Bd. F: Eugen Schöler, Historische Familienwappen in Franken. (3-87947-112-6)

Bd. G: Hamburgische Wappenrolle. (3-87947-107-X)

Bd. H: Biographisches Lexikon der Heraldiker sowie der Sphragistiker, Vexillologen u. Insignologen. (3-87947-109-6)

SIEBMACHER'SCHE WAPPENBÜCHER
ISBN für alle Bände: 3-87947-...

Bd. 1: O. T. v. Hefner, M. Gritzner u. A. M. Hildebrandt, Die Wappen und Flaggen der Herrscher und Staaten der Welt. (3-87947-001-4)

Bd. 2: Gustav Adelbert Seyler, Die Wappen der deutschen Landesfürsten. (...-002-2)

Bd. 3: O. T. v. Hefner u. M. Gritzner, Die Wappen des hohen deutschen Adels, Teil 1. (...-003-0)

Bd. 4: Maximilian Gritzner, Die Wappen des hohen dt. Adels. Teil 2. (...-004-9)

Bd. 5: Maximilian Gritzner, Die Wappen der europäischen Fürsten. Die europäischen Fürstengeschlechter nicht römisch-kaiserlicher oder deutsch-bundesfürstlicher Extraction. (...-005-7).

Bd. 6: O. T. v. Hefner, N. Gautsch, L. Clericus, Wappen der Städte und Märkte in Deutschland und den angrenzenden Ländern. (...-006-5)

Bd. 7: Berufswappen/Die Siegel der deutschen Universitäten. (...-007-3)

Bd. 8: Gustav Adelbert Seyler, Die Wappen der Bistümer und Klöster. (...-008-1)

Bd. 9: O. T. v. Hefner, A. M. Hildebrandt u. G. A. Seyler, Die Wappen bürgerlicher Geschlechter Deutschlands und der Schweiz, Teil 1. (...-009-X)

Bd. 10: Gustav A. Seyler, Die Wappen bürgerlicher Geschlechter Deutschlands und der Schweiz, Teil 2. (...-010-3)

Bd. 11: Gustav A. Seyler, Die Wappen bürgerlicher Geschlechter Deutschlands und der Schweiz, Teil 3. (3-87947-011-1)

Bd. 12: Gustav A. Seyler, Die Wappen bürgerlicher Geschlechter Deutschlands und der Schweiz, Teil 4. (...-012-X)

Bd. 13: G. A. Seyler, W. Freier, K. E. v. Marchtaler, L. Rothenfelder, Die Wappen bürgerlicher Geschlechter Deutschlands und der Schweiz, Teil 5. (...-013-8)

Bd. 14: O. T. von Hefner u. a., Die Wappen des preußischen Adels, Teil 1. (...-014-6)

Bd. 15: C. Blazek, G. A. von Mülverstedt, Die Wappen des preußischen Adels, Teil 2. (...-015-4)

Bd. 16: G. A. von Mülverstedt, A. M. Hildebrandt, Die Wappen des preußischen Adels, Teil 3. (...-016-2)

Bd. 17: C. Blazek, Die Wappen des schlesischen Adels. (...-017-0)

Bd. 18: G. A. v. Mülverstedt u. a., Die Wappen des Adels in Pommern und Mecklenburg. (...-018-9)

Bd. 19: M. F. A. Gritzner, A. M. Hildebrandt, Die Wappen des niederdeutschen Adels. (...-019-7)

Bd. 20: O. T. von Hefner, H. von Goeckingk, A. von Bierbrauer-Brennstein, Die Wappen des hessischen und thüringischen Adels. (...-020-0)

Bd. 21: O. T. v. Hefner, G. A. v. Mülverstedt, Die Wappen des sächsischen Adels. (...-021-9)

Bd. 22: O. T. v. Hefner, G. A. Seyler, Die Wappen des Adels in Bayern. (...-022-7)

Bd. 23: O. T. v. Hefner, G. A. Seyler, Die Wappen des Adels in Württemberg. (...-023-5)

Bd. 24: C. A. Frhr. v. Graß, M. Gritzner. Die Wappen des Adels in Baden, Elsaß-Lothringen und Luxemburg. (...-024-3)

Bd. 25: M. Gritzner, Der Adel der russischen Ostseeprovinzen. (...-025-1)

Bd. 26, 1: J. E. Kirnbauer von Erzstätt, Die Wappen des Adels in Niederösterreich, Teil 1, A–R. (...-026-X)

Bd. 26,2: J. B. Witting, Die Wappen des Adels in Niederösterreich, Teil 2, S–Z. (...-926-7)

Bd. 27: A. Frhr. Weiß v. Starkenfels, J. Kirnbauer v. Erzstätt, Die Wappen des Adels in Oberösterreich. (...-027-8)

Bd. 28: M. M. v. Weittenhiller, O. T. v. Hefner u.a., Die Wappen des Adels in Salzburg, Tirol und in der Steiermark. (...-028-6)

Bd. 29: A. M. Hildebrandt, O. T. v. Hefner, C. G. F. Heyer v. Rosenfeld, Der Adel in Kärnten, Krain und Dalmatien. (...-029-4)

Bd. 30: R. J. Graf Meraviglia-Crivelli, Die Wappen des böhm. Adels. (...-030-8)

Bd. 31: H. v. Kadich, C. Blazek, Die Wappen des mährischen Adels. Mit einem Anhang: Die Domherren von Olmütz und ihre Wappen. (...-031-6)

Bd. 32: F. Heyer v. Rosenfeld, I. v. Bojnicic, Der Adel von Galizien, Lodomerien und der Bukowina. (...-032-4)

Bd. 33: G. v. Csergheö, Iván v. Nagy, J. v. Csoma, Die Wappen des Adels in Ungarn. (...-033-2)

Bd. 34: C. Reichenauer v. Reichenau, G. v. Csergheö, O. v. Bárczay, Der Adel von Siebenbürgen. (...-034-0)

Bd. 35: J. v. Bojnicic, Der Adel von Kroatien und Slavonien. (...-035-9)

SIEBMACHER'SCHE WAPPENBÜCHER – DIE FAMILIENWAPPEN DEUTSCHER LANDSCHAFTEN UND REGIONEN

Band 1: Eike Pies, Neues Bergisches Wappenbuch bürgerlicher Familien. Heraldik – Genealogie – Bibliographie. 1998. XXIV, 356 S., 133 s/w-Tafeln mit 798 Wapen u. 24 Farbtafeln mit 96 Wapen. (3-87947-111-8)

Band 2: Anton P. Rahrbach, Reichsritterschaft in Mainfranken. Zu Wappen und Geschichte fränkischer Adelsfamilien. 2003. 400 S. Text und Abbildungen. (3-87947-113-4)

Band 3: Karl Borchardt: Patrizier und Ehrbare: Die Wappen im Geschlechterbuch des Johann Friedrich Christoph Schrag (1703–1780) zu Rothenburg ob der Tauber. 2007. 208 S. mit 402 farb. und 1 s/w-Abb. (ISBN 978-3-87947-117-1)

SIEBMACHER'SCHE WAPPENBÜCHER – AUSGEWÄHLTE BEITRÄGE ZUR HERALDIK

Band 1: Klaus Mai, Siegfrieds Wappen und Heldentaten im Nibelungenlied. Legende oder geschichtliche Wirklichkeit. 2010. 132 S., mit über 60 meist farbigen Abb. (ISBN 978-3-87947-118-8)

GENEALOGISCH-HERALDISCHES INFORMATIONSSYSTEM (GENHIS)

Band 1: Hanns Jäger-Sunstenau, General-Index zu den Siebmacher'schen Wappenbüchern 1605–1967 sowie zu den Sonderbänden und zur neuen Siebmacherreihe. 2. Aufl. 2010. 50*, 610 S., Format 18 x 27 cm, Festeinband. (ISBN: 978-3-87947-200-0)

Band 2: Georg Freiherr von Frölichsthal: Der Adel der Habsburgermonarchie im 19. und 20. Jahrhundert. Index zu seinen Genealogien. 2008. 362 S., Format 18 x 27 cm, Festeinband. (ISBN 978-3-87947-201-7)